REDAÇÕES 2025

Universidade Estadual de Campinas

Reitor
Paulo Cesar Montagner

Coordenador Geral da Universidade
Fernando Antonio Santos Coelho

COM**VEST**

Diretor
José Alves de Freitas Neto

Diretora Adjunta
Ana Maria Fonseca de Almeida

Coordenadora Acadêmica
Márcia Rodrigues de Souza Mendonça

Comissão de Seleção das Redações
Anderson Carnin – Cynthia Agra de Brito Neves
Daniela Birman – Guilherme Jotto Kawachi
Luciana Amgarten Quitzau

Secretária de Execução do Projeto
Lília Bragança da Silva

Conselho Editorial

Presidente
Edwiges Maria Morato

Carlos Raul Etulain – Cicero Romão Resende de Araujo
Dirce Djanira Pacheco e Zan – Frederico Augusto Garcia Fernandes
Iara Beleli – Marco Aurélio Cremasco – Pedro Cunha de Holanda
Sávio Machado Cavalcante – Verónica Andrea González-López

ORGANIZAÇÃO
COMVEST

REDAÇÕES 2025
VESTIBULAR UNICAMP | VESTIBULAR INDÍGENA

FICHA CATALOGRÁFICA ELABORADA PELO
SISTEMA DE BIBLIOTECAS DA UNICAMP
DIVISÃO DE TRATAMENTO DA INFORMAÇÃO
Bibliotecária: Gardênia Garcia Benossi – CRB-8ª / 8644

R245   Redações 2025 : Vestibular Unicamp ; Vestibular Indígena – Org. :
         Comissão Permanente para os Vestibulares (Comvest) – Campi-
         nas, SP : Editora da Unicamp, 2025

         1. Redação acadêmica. 2. Universidades e faculdades – Vestibular.
         3. Linguística – Coletânea. 4. Universidade Estadual de Campinas
         (Unicamp) – Vestibular. I. Universidade Estadual de Campinas
         (Unicamp). Pró-Reitoria de Graduação. Comissão Permanente para
         os Vestibulares. III. Título.

                                                    CDD – 469.5
                                                       – 378.1664
                                                       – 410
         ISBN 978-85-268-1790-6

Copyright © by Comvest
Copyright © 2025 by Editora da Unicamp

As opiniões, hipóteses, conclusões e recomendações expressas
neste livro são de responsabilidade dos autores e das autoras e não
necessariamente refletem a visão da Editora da Unicamp.

Direitos reservados e protegidos pela lei 9.610 de 19.2.1998.
É proibida a reprodução total ou parcial sem autorização,
por escrito, dos detentores dos direitos.

Foi feito o depósito legal.

Direitos reservados a

Editora da Unicamp
Rua Sérgio Buarque de Holanda, 421 – 3º andar
Campus Unicamp
CEP 13083-859 – Campinas – SP – Brasil
Tel.: (19) 3521-7718 / 7728
www.editoraunicamp.com.br – vendas@editora.unicamp.br

SUMÁRIO

APRESENTAÇÃO 7

PARTE I
VESTIBULAR UNICAMP 2025

INTRODUÇÃO
*A urgência da igualdade de gênero no Congresso Nacional
e da regulamentação das bets no Brasil*................................. 15

PROPOSTA 1... 29

PROPOSTA 2... 33

EXPECTATIVAS DA BANCA

PROPOSTA 1... 39

PROPOSTA 2... 41

REDAÇÕES DOS CANDIDATOS

PROPOSTA 1... 45

PROPOSTA 2... 77

PARTE II

VESTIBULAR INDÍGENA UNIFICADO 2025

INTRODUÇÃO

A prova de redação no Vestibular Indígena Unificado 2025:
cultura alimentar e justiça climática em pauta........................ 113

PROPOSTA 1.. 133

PROPOSTA 2.. 137

EXPECTATIVAS DA BANCA

PROPOSTA 1.. 142

PROPOSTA 2.. 143

REDAÇÕES DOS CANDIDATOS

PROPOSTA 1.. 145

PROPOSTA 2.. 153

APRESENTAÇÃO

Não seria um exagero afirmar que a prova de redação é a mais importante do Vestibular Unicamp. Além do significativo peso na composição da nota final, ela carrega consigo as características e os diferenciais que tornam esse processo seletivo uma referência entre os vários exames de acesso ao ensino superior. A originalidade de sua perspectiva pedagógica – solicitar a escrita de textos em gêneros textuais diversos, a partir de uma situação de produção específica – muitas vezes é criticada por não ter a "previsibilidade" esperada por alguns. Afinal, não é possível saber, de antemão, quais gêneros serão exigidos a cada ano. Não há uma lista de gêneros para serem esmiuçados, "estudados" e, talvez, modelizados à exaustão. Esta última prática constitui um risco, já que pode levar a um esquema único de escrita para cada gênero, restringindo a relativa pluralidade de formas de funcionamento desses gêneros na sociedade.

A perspectiva adotada na prova de redação da Unicamp é amplamente reconhecida como uma abordagem sintonizada com as pesquisas acadêmicas sobre escrita em avaliações de larga escala e também com as orientações curriculares vigentes, como a Base Nacional Comum Curricular (BNCC). Nos dois casos, admite-se que a escrita é uma prática social situada: escrevemos para agir socialmente, para interagir. Dirigindo-nos a interlocutores específicos, com algum propósito em mente, escolhemos o gênero (ou aderimos a um), considerando sempre as condições da situação comunicativa.

A comunidade que acompanha a prova de redação – candidatos/as, professores/as que preparam esses estudantes, pesquisadores/as do tema – demonstra reconhecer a pertinência do exame, a despeito de eventuais lacunas. Professores que trabalham com linguagens no ensino médio expressam sua satisfação em postagens em redes sociais e na comunicação direta com a Comissão Permanente para os Vestibulares da Unicamp (Comvest). Outros vestibulares de grande porte chegam a mencionar a Redação Unicamp como modelo inspirador para seus próprios processos seletivos.

Por isso, não hesitamos em afirmar que a identidade do Vestibular Unicamp e também do Vestibular Indígena é, em grande parte, construída pela prova de redação. A partir de textos pertencentes a gêneros diversificados, que são oferecidos como objetos de leitura, os/as candidatos/as podem acessar um repertório mínimo para produzir seus textos, e ampliá-lo, se desejarem, na concretização do seu projeto de escrita. Dessa forma, articular leituras (incluídas as experiências de vida) a fim de elaborar seus discursos é uma exigência que acompanhará os estudantes em toda a vida pessoal e social, inclusive a acadêmica.

Cumpre ressaltar que, na redação do Vestibular Unicamp, as mediações para compreender informações e posicionar-se diante de acontecimentos e experiências apontam para práticas de linguagem sofisticadas e habilidades específicas, que só são desenvolvidas e potencializadas em um contínuo aprendizado. Esse processo, que não gira apenas em torno do ler e do escrever, abrange identificar, comparar, compreender, refutar e elaborar suas próprias réplicas.

As dinâmicas do mundo contemporâneo, as alterações e os impactos vivenciados na trajetória escolar, bem como os fluxos informacionais que surgem num mundo referenciado pelo pleno uso de tecnologias, instigam a pensar sobre a importância da leitura e da escrita como um exercício de formação para a cidadania.

Há muitos anos, o Vestibular Unicamp apresenta duas propostas originais e espera que os/as candidatos/as desenvolvam seus textos a partir de um contexto em que a leitura e a produção textual se apliquem em situações concretas de práticas de escrita. Parte desse material foi selecionada e chega ao público em mais uma edição que reúne 36 redações produzidas por candidatos/as do Vestibular Unicamp e do Vestibular Indígena. Certamente, entre milhares de textos possíveis, os que estão nesta coletânea se apropriaram adequadamente das características da prova de redação nos processos seletivos da Universidade Estadual de Campinas (Unicamp).

Numa época em que se afirma que os jovens leem pouco, que não se interessam por refletir sobre a realidade ou que não têm o domínio de linguagem necessário para a produção textual, as redações selecionadas neste livro demonstram como a leitura e a escrita foram articuladas a partir das experiências sociais, históricas e culturais das autoras e dos autores que estão sendo publicados/as, pois se articularam diretamente com temas presentes no universo da juventude pré-universitária.

Nas páginas seguintes, há bons textos. Mas não há modelos excludentes, que eliminam a validade de outras formas de produzir uma resposta adequada e relevante ao comando da prova. Por isso, o conjunto de textos desta coletânea não serve como exemplos a serem seguidos ao pé da letra. Ainda assim, serve como exemplos que merecem ser conhecidos por candidatos/as e professores/as, como baliza do que se considera um bom texto produzido na prova de redação. Os textos deste livro precisam ser compreendidos como resultado de práticas de leitura e de escrita performadas por jovens que cumpriram as exigências básicas do exame aplicado em 2025. Tais exigências, como já apontado, assentam-se na articulação entre leitura e escrita, na percepção acurada do recorte temático selecionado em cada proposta e do tipo de interlocução solicitada. Afinal, quem escreve o faz por alguma razão, dirigindo-se a alguma audiência, em algum gênero específico. Ao fazer isso, realiza uma *ação de linguagem*.

A partir da coletânea apresentada na proposta de redação e com uma leitura atenta dos textos (e da realidade, claro), os/as candidatos/as mobilizaram dados textuais relevantes para as exigências da prova, realizaram inferências condizentes com as pistas linguísticas dos textos integrantes da coletânea e produziram escritos que buscavam se aproximar do gênero configurado na proposta escolhida. Esse gênero, longe de ser apenas um molde abstrato ou uma receita vazia, funciona como indutor da escrita e como representação de práticas sociais de linguagem: indica como organizar as ideias para realizar a ação de linguagem prefigurada e delimita o tempo e o espaço de enunciação.

Convidamos à leitura das redações do processo seletivo de 2025, com a certeza de que elas expressam práticas leitoras transformadas em textos. Esses textos ocupam concretamente os contornos discursivos anunciados pelos gêneros propostos. Os/as candidatos/as cujos textos foram selecionados para esta coletânea realizaram a tarefa da prova de redação de forma consistente com o enunciado, com os textos de leitura da prova e com seus conhecimentos e experiências. Isso lhes permitiu ainda inserir, aqui e ali, marcas de sua autoria, de sua voz, esta que insiste em transbordar das limitações do exame e vem conversar com os leitores deste livro nas próximas páginas.

José Alves de Freitas Neto
Diretor da Comvest

Márcia Mendonça
Coordenadora Acadêmica da Comvest

PARTE I
VESTIBULAR UNICAMP 2025

VESTIBULAR UNICAMP 2025

INTRODUÇÃO

A URGÊNCIA DA IGUALDADE DE GÊNERO NO CONGRESSO NACIONAL E DA REGULAMENTAÇÃO DAS BETS NO BRASIL

Cynthia Agra de Brito Neves
Daniela Birman

Nesta primeira parte do livro de *Redações do Vestibular Unicamp 2025*, reunimos 30 redações que foram bem avaliadas em nosso processo seletivo obrigatório para ingresso na Unicamp. Foram selecionadas 15 redações da Proposta 1 e 15 redações da Proposta 2, nessa ordem. Trata-se de textos em que os/as alunos/as cumpriram de forma plena as tarefas de *leitura* e *escrita* propostas pela prova. Neles, os/as candidatos/as demonstraram ter *lido criticamente* os textos da prova, tanto os do enunciado quanto os da coletânea; elaborado um *projeto de texto*; selecionado informações da coletânea e, eventualmente, também de repertório próprio, para a sustentação de *argumentos* para a *produção escrita* de seus textos.

A amostra aqui apresentada é diversa, e, vale enfatizar, as redações que a compõem não são perfeitas, tampouco funcionam como modelos, no sentido de que devam ser imitadas ou copiadas; porém, todas aqui selecionadas realizaram plenamente as instruções "a" e "b" definidas nos enunciados, apropriaram-

-se dos textos da coletânea, articulando-os de acordo com os seus respectivos projetos de texto, e produziram suas redações nos gêneros discursivos solicitados em cada proposta. No caso da **Proposta 1**, um *texto de apresentação* de um Projeto de Lei (PL); já quem preferiu a **Proposta 2**, a produção escrita de um *comunicado escolar*.

Na **Proposta 1**, tal como exigido pela *situação de produção*, os/as candidatos/as assumiram a vez e a voz de um coletivo que escreve o *texto de apresentação de um Projeto de Lei*, a ser lido publicamente no plenário da Câmara dos Deputados, com o propósito de defender a paridade de gêneros no Congresso Nacional. Destaca-se a maneira como os/as candidatos/as assumiram esse lugar de interlocução para dar vida aos coletivos, batizando-os com diversos nomes: *"Juntas"*, *"Delas"*, *"Elas"*, *"Mulher é Política"*, *"Mulheres do Povo"*, *"Mais Igualdade para Elas"*, *"Mulheres pela Democracia Efetiva"*, *"Nossa voz"*, *"Elas podem"* e *"Mulheres no Poder"* –, nomes esses que revelam a presença marcante do gênero feminino, chamando atenção para a urgência de sua participação na política nacional. E, como integrantes desses coletivos, propuseram, por meio de iniciativa popular, Projetos de Lei (PL). Alguns até ganharam nomes, como o *"PL das Cadeiras"*, na criação de Elisa Brito Martire, o *"PL da Igualdade de Gênero"*, na reivindicação de Luiza de Lima Gomes, *"Elas no comando"*, no texto de Sofia Missono Generoso, o *"PL da cota feminina no Congresso"*, no título de Mateus Fraga Maresch, que deseja não apenas aprovar o PL como também promovê-lo a uma PEC, segundo ele, *"mais afeita ao rito da Constituição"*.

A linguagem oscilou entre a formalidade e a informalidade. Se, por um lado, a proposta sugeria a elaboração de um texto para ser lido em voz alta, foram aceitos registros próximos da oralidade; por outro, ao se tratar de um texto destinado a parlamentares, a ser lido em um ambiente político sério, também foram aceitos registros da norma-padrão, com usos lexicais e sintáticos característicos das convenções da escrita formal, tal como se espera de um cidadão que discursa na Câmara dos Deputados. Essa interlocução explicitada no texto foi bem-vinda e é possível identificá-la em algumas redações aqui selecionadas (*"senhores deputados"*, *"senhoras deputadas"*, *"deputados"*, *"colegas"*, *"caros deputados e deputadas"* etc.). Já a marcação, entre colchetes, da *performance* a ser adotada no ato da leitura não era obrigatória. Contudo, foi a estratégia estilística de Leonardo Henn de Castro Rocha em cada parágrafo: *"Em alto e bom som"*, *"indignação e confusão"*, *"olhar em volta, em silêncio, para ênfase; depois, voltar ao tom inicial"*, *"passar para um tom esperançoso"*, *"entusiasmo"*. Nota-se que cada instrução performática se relaciona com o argumento expresso no texto, o que tornou sua estratégia discursiva produtiva e não apenas ilustrativa.

De modo geral, a partir da coletânea de textos da Proposta 1, os/as candidatos/as constataram a desigualdade de gênero no Parlamento valendo-se da leitura dos números apontados nos gráficos dos **textos 2 e 3**: *"enquanto a população brasileira é 51,5% feminina e 48,5% masculina, o Congresso possui 485 parlamentares homens e apenas 109 mulheres!"*, calcula Mateus Fraga Maresch. *"Essa assimetria é intolerável!"*, indigna-se Catharina Barbosa Spegiorin, porque representa *"uma noção distorcida da realidade nacional"*, explica Luiza de Lima Gomes. E *"essa distorção precisa ser urgentemente corrigida, a fim de que o Brasil se torne, de fato, uma democracia REPRESENTATIVA de seu povo!"*, exclama em letras garrafais Mateus Fraga Maresch. Tal desproporção na ocupação das cadeiras do Congresso Nacional evidencia *"um cenário político pouco plural"*, afirma Elisa Brito Martire, *"sintoma do machismo estrutural na* *administração pública"*, reconhece Catharina Barbosa Spegiorin. Essa *"predominância masculina no Parlamento faz com que as pautas discutidas e aprovadas no Legislativo sejam constituídas por um viés patriarcal e, por vezes, misógino"*, corroborando *"a fortificação e a permanência de um ciclo extremamente desfavorável à promoção da representatividade feminina no Congresso"*, conclui Luiza de Lima Gomes. Na sua síntese, *"enquanto o Brasil é feminino e negro, o Congresso é masculino e branco"*.

Entre os inúmeros malefícios que essa falta de representatividade feminina na Câmara e no Senado provoca na sociedade (item "a"), está o Projeto de Lei 1904/24, abordado no **texto 5** da coletânea. Trata-se de um PL, apelidado de "PL do Aborto", que estabelece *"a uma mulher vítima de estupro [...] uma pena muito maior que seu estuprador em caso de aborto"*, explica Sofia Missono Generoso, o que configura um verdadeiro *"retrocesso político e social no que tange às conquistas dos direitos da mulher realizadas nos últimos anos"*, constata Ana Gonçalves Nogueira, pois *"as mulheres não têm participação política significativa em decisões que as envolvem, ficando sujeitas às escolhas de um grupo majoritariamente masculino"*, diz Maria Eduarda Fidelis de Assis. Ademais, *"pessoas do gênero masculino não são acometidas, na pele, pelas injustiças que se abatem sobre nós, mulheres"*, reage Isabella Secco Weksler. Nas palavras de Elisa Brito Martire, esse PL escancara mais uma *"tentativa de impor autoridade masculina sobre os corpos femininos"*.

Apoiados na linha argumentativa de que *"o Congresso é espelho da nossa sociedade"* e, portanto, nos reflete e nos refrata, alguns exemplos Brasil afora foram destacados pelos/as candidatos/as, como o caso lembrado por Fernanda Ribeiro Loureiro Consolo, da *"jovem menina [de 10 anos] que foi estuprada e engravidou: [...] precisou realizar um aborto, [...] e ao direcionar-se ao hospital encontrou uma multidão que a xingava e o processo foi dificultado"*. Ou mesmo o caso de *"transfobia contra a deputada Érika Hilton, situação que só pode ocorrer em um ambiente em que mulheres trans, negras e indígenas sequer são consideradas nas discussões e, por isso, são relegadas à prostituição, ao abuso sexual e doméstico e à discriminação"*, citado por Maria Eduarda Fidelis de Assis. Em um passado não tão distante, o caso do *impeachment* golpista da presidenta Dilma Roussef, assim narrado por Mateus Fraga Maresch: *"basta recordar que, em 2016, estas casas destituíram a primeira presidenta da República; entre os discursos de fundamentação dos votos, quase nada se ouviu sobre embasamentos jurídicos, mas muita misoginia foi reproduzida"*.

Diante desse cenário político e social machista, misógino, transfóbico, patriarcal, constituído por um Parlamento que contempla *"preferencialmente homens brancos e heterossexuais"* (**texto 1**), tal como descreve Maria Elisa Silva Morita, Manuella de La Cerda Abelha Futuro questiona: *"quantas mulheres precisarão ser estupradas, violentadas em sua própria casa e mortas, para que os senhores estejam dispostos a incluir a identidade feminina nesses espaços políticos que, atualmente, traçam nossos trágicos destinos?"*. O exemplo positivo de maior equidade de gênero na Câmara e no Senado no México, no **texto 4** da coletânea, é então usado pelos/as candidatos/as como um encaminhamento que *"vem colhendo bons frutos"* (Maria Eduarda Fidelis de Assis), servindo *"de exemplo para outras organizações, que poderão, a partir disso, aumentar a paridade em seus cargos, inspiradas pelo espelho do Congresso"*, sugere Isabella Secco Weksler. Sofia Missono Generoso também considera *"indispensável [...] estabelecer a igualdade de gênero nas cadeiras do Congresso Nacional"*, ciente de que isso é apenas o início. Para ela, *"é necessário [ainda] instaurar igualdade nos três poderes e em organismos públicos autônomos"*, pois *"uma representação política mais igualitária pode nos levar a um cenário de maior justiça social no país"* (item "b"), assim como aconteceu na Reforma Constitucional de 2014 e 2019 no México, quando *"esse avanço foi não só alcançado, como demonstrou um caminho para a nova política"* – vislumbra.

Apoiada nos **textos 1** e **6** da coletânea, Sofia acredita que *"temas como gênero, aborto, cotas na política, violência doméstica, violência contra crianças e adolescentes, saúde e educação"* serão amplamente discutidos e ganharão mais visibilidade. É nesse sentido que argumenta também a candidata Ana Gonçalves Nogueira, segundo a qual, uma representação mais expressiva e ampla de mulheres na Câmara e no Senado abriria *"caminhos para a discussão de pautas como a violência contra crianças e adolescentes e pautas educacionais, por exemplo, [...] iniciando uma ruptura no machismo estrutural que permeia a sociedade brasileira"*. Inspirada na deputada Soraya Santos (**texto 6**), Elisa Brito Martire afirma que *"uma participação mais igualitária na política, certamente, contribuirá com [...] pautas como a violência infantil, a educação e a saúde do povo brasileiro como um todo"*, na medida em que, *"com poder decisório, deputadas poderão lutar pela maior punição do assédio, por mais direitos trabalhistas para as brasileiras e, entre tantas outras coisas, pela garantia do já previsto burocraticamente, como o acesso ao aborto em caso de estupro. Tarefas inadiáveis para a justiça, não é mesmo?"* – provoca Catharina Barbosa Spegiorin.

Ainda na esteira do **texto 6**, os/as candidatos/as consideram inaceitáveis os *"mecanismos fraudulentos"* (Luiza de Lima Gomes) que criam *"cotas de inclusão irrisórias"*, obrigando *"os partidos a reservarem 30% das candidaturas para as mulheres, porém, na prática, essas vagas são preenchidas por 'candidatas* *laranjas'"*, denuncia Marcela Sayumi Alves Kuriyama. Maria Elisa Silva Morita defende que *"os partidos que burlarem a lei de cotas [...] para candidaturas de mulheres deverão ser criminalizados e reportados publicamente pelos atos de corrupção"*. Já Isabella Secco Weksler sugere *"aumentar a reserva de 30% para 50% de candidaturas femininas"* (por que não?). Concordamos com a proposta dela e também com Maria Lígia Rodrigues Feitosa: é, de fato, lamentável que, após tantas lutas, como o avanço no *"código eleitoral de 1932"*, [o qual] *"representou um grande passo para a inserção das mulheres na vida pública"* ao estabelecer o direito ao voto feminino, não tenha sido garantida também a representatividade feminina na política, onde, segundo Maria Lígia, continua prevalecendo *"uma elite masculina branca"*.

Na **Proposta 2**, por sua vez, os/as candidatos/as criaram outra máscara discursiva: a de um/uma **diretor/a** de escola pública. Preocupado/a com as apostas *online* realizadas cada vez com mais frequência pelos/as alunos/as do ensino fundamental do colégio, esse/essa diretor/a redige um *comunicado* por meio do qual se dirige aos responsáveis pelos/as estudantes. Nesse texto, ele/ela trata das consequências negativas que esse hábito pode trazer tanto para o comportamento do/a aluno/a na escola quanto, de modo geral, para sua vida, no presente e no futuro. Esse gênero discursivo, assim como o anterior, também demanda uma interlocução que, de modo geral, foi marcada no início e no final das redações. Dessa vez, porém, o texto exige o emprego do registro formal e a obediência à norma-padrão da língua materna.

Ao assumirem a voz e as apreensões do/da diretor/a, vários/as candidatos/as iniciaram o texto comunicando situações diversas que a direção e/ou os/as professores/as presenciaram no espaço escolar dado o crescente número de alunos/as envolvidos/as em apostas esportivas e/ou em jogos de azar *online*. Nesse cenário, seja no momento do recreio, do intervalo entre as aulas ou mesmo no horário das aulas, crianças e adolescentes estão ocupados com os celulares e são constantemente convidados a entrar no perigoso universo das *bets*. Maria Luiza de Souza Munhóz, por exemplo, descreve, em nome da diretoria da EMEF Carolina Maria de Jesus, como deparou com *"um número assombrante de alunos com os olhos vidrados nas telas de seus celulares, esperando pelo resultado de uma aposta"*. Já Lency Delan Shen iniciou o seu texto expondo os motivos de uma briga que ocorreu entre dois colegas do 5º ano. O desentendimento, esclarece, foi provocado pelo resultado de uma aposta *online* a respeito do placar final do jogo entre Palmeiras e Botafogo. Ela narra: *"Cada aluno apostou em um time; posteriormente, ao se encontrarem em sala depois do jogo, o colega vencedor começou a irritar e rir do outro, que havia perdido cerca de trezentos reais (dinheiro pego sem consentimento dos pais). Em consequência das incontáveis provocações, o garoto deu um soco no outro"*. Nem é preciso se deter muito para perceber a série de efeitos negativos dessa única aposta narrada pela "diretora" de tal colégio.

De todo modo, seja contando um caso particular ou se referindo, de forma mais ampla, ao aumento dos jogos de azar *online* entre alunos do ensino fundamental, os/as candidatos/as assumiram o papel discursivo de diretor/a de escola e configuraram a situação de produção que o/a levou à escrita de um comunicado: a entrada das *bets* no espaço educacional. Ou, como bem resume Eduardo Stabach Salustiano: *"o tigrinho chegou na nossa escola"*, e essa chegada não é fruto do acaso.

Apoiados/as no **texto 1** da coletânea, muitos/as candidatos/as explicam que os/as estudantes são atraídos(as) por publicidades e influenciadores/as digitais que impulsionam os algoritmos de suas redes sociais ao prometer "diversão" relacionada aos jogos de futebol e ganho financeiro "fácil" com os cassinos *online*. Segundo Livia Barreira Pezzuol, *"as divulgações das plataformas, veiculadas pelas redes sociais, envolvem celebridades e influenciadores, comumente admirados pelos alunos, ou até mesmo crianças, o que aproxima as apostas do universo infantil"*. Outros/as candidatos/as citam nominalmente influenciadores adorados por crianças e adolescentes que já fizeram propagandas de *bets*, tais como Felipe Neto e JonVlogs. O primeiro se arrependeu da divulgação, afirmando que esse foi "o maior erro da minha vida". O segundo não apenas faturou milhões promovendo uma casa de apostas que já foi investigada, como lançou no ano passado sua própria casa.

Ao descreverem o universo aparentemente divertido e fascinante dos jogos de azar, vários/as candidatos/as também mencionaram, de modo direto ou indireto, a obra literária *Alice no país das maravilhas*, de Lewis Carroll, apropriando-se criticamente do **texto 3** da coletânea: a charge "Alice no país das *bets*", na qual o cartunista Benett estabelece uma perspicaz intertextualidade com o clássico livro infantojuvenil. São destacados, assim, o caráter ilusório das apostas (Maria Luiza de Souza Munhóz), sua promessa de um *"'País das maravilhas'"* (Eduarda Malta Pacios) ou, ainda, a necessidade de *"tirar nossas Alices do país das bets – mundo dos hiperestímulos –, para que elas voltem ao país das maravilhas – a infância que deve ser vivida"* (Eduardo Stabach Salustiano). A leitura da charge de Benett que faz referência ao livro de Caroll permitiu inferências bastante produtivas, como o empréstimo de outras figuras de perigo relacionadas ao mundo fantástico de Alice, já que, como adverte Maria Luiza de Souza Munhóz, *"a Rainha de Copas os espera* [os alunos] *nas sombras, pronta para cortar-lhes a cabeça"* – metáfora essa que atende ao item "b".

O acesso de crianças e adolescentes às redes sociais e as propagandas com seus ídolos ganham peso e gravidade quando se trata da proibição das apostas para menores de idade e os motivos relacionados a essa interdição legal. De fato, ainda com base no **texto 1**, parte dos/das candidatos/as destacou essa proibição, além de ter ressaltado, com apoio no **texto 4**, que as *bets* se encontram atualmente em processo de regulamentação no país. *"Por mais polêmica que seja, essa regulamentação é clara em proibir o acesso de menores de idade a plataformas e meios de apostas"*, explica Juan da Silva Moreira, que lembrou ainda a interdição do funcionamento de cassinos físicos no país. O candidato Gustavo de Oliveira Barbosa avançou mais ao contextualizar tanto o histórico de proibição de apostas no Brasil quanto a inserção do jogo de azar na nossa cultura. *"As casas de apostas presenciais são ilegais desde o governo Dutra, diante do risco de destituição irreversível de muitas famílias, decorrente de dívidas de empréstimos insustentáveis para satisfazer o vício nesses jogos [...]. As apostas são atividades normalizadas na cultura do nosso país e encontram-se sorrateiramente em nosso cotidiano, antes na forma dos bicheiros e, hoje, na forma dos sites de 'bets'"*, escreveu.

Já ao exporem os motivos que sustentam a proibição de apostas para menores de idade, muitos/as candidatos/as destacaram as condições psíquicas, emocionais e cerebrais que tornam crianças e adolescentes mais vulneráveis aos riscos envolvidos nesse universo (**textos 1 e 5** da coletânea). Eduardo Stabach Salustiano explica que, como o córtex pré-frontal – região do cérebro relacionada ao gerenciamento das emoções, ao planejamento e à tomada de decisões – de indivíduos dessa faixa etária não se encontra inteiramente desenvolvido, *"crianças e adolescentes apresentam, biologicamente, uma maior impulsividade"* ao jogo. Daniel Suda Hatushikano complementa:

"a exposição a tantos estímulos é extremamente nociva, já que sem o desenvolvimento pleno da capacidade de autocontrole, eles ficam facilmente sujeitos ao vício nas apostas". E Livia Barreira Pezzuol acrescenta: as crianças *"carecem da malícia necessária para notar os riscos financeiros atrelados às 'bets'".*

Nota-se, ainda, que muitos/as candidatos/as souberam aproveitar, em prol de seu *projeto de texto,* os dados da tabela "Apostas em *bets*" (**texto 2**). Reunindo resultados de uma pesquisa realizada entre 12 e 14 de outubro de 2024, a tabela mostra que 24% dos brasileiros declararam já ter realizado alguma aposta *online.* Por meio dela, é possível constatar ainda que os índices daqueles que afirmam apostar são mais altos entre a população que ganha até dois salários mínimos (28%) e cursou o ensino fundamental (27%). Essa camada da população, como sustentam muitos *"diretores/as",* se aproxima daquela das famílias dos estudantes matriculados em seus colégios. *"Sendo diretor de uma escola pública, tenho consciência de que o perfil social das famílias que atendemos é muitas vezes marcado pelo desfavorecimento econômico e pela falta de acesso à educação básica. Por isso, minhas preocupações se agravam, pois esse perfil é mais afetado que a média da população no quesito apostas",* justifica Juan da Silva Moreira.

Os impactos negativos das *bets* no comportamento dos alunos na escola (item "a") também foram explorados pelos/as candidatos/as, que listaram uma série bastante diversa de efeitos nocivos desse vício: prejuízo à sociabilidade dos/as estudantes, perda de foco e interesse durante as aulas, queda do desempenho escolar, brigas entre alunos provocadas por apostas, distração nos estudos e aumento no número de notas baixas foram exemplos citados nas redações aqui reunidas. Como sintetiza a candidata Maria Luiza de Souza Munhóz, *"estes estudantes jogam durante a aula, quando deveriam ouvir* o professor; jogam durante o intervalo, quando deveriam conversar com os amigos e socializar; jogam, também, após a aula, quando deveriam estudar e fazer a lição de casa". Livia Barreira Puzzuol lembrou que muitos/as alunos/as "sequer se comunicam virtualmente, posto que o ato de apostar é notavelmente individual". Lency Delan Shen, por sua vez, aponta para os sintomas graves identificados pelos professores: "todos afirmaram uma hiperatividade, agressividade, ansiedade e impulsividade diante desses jogos de azar", escreve em seu comunicado.

Já ao tratarem dos imensos prejuízos que as *bets* podem trazer às famílias dos/das estudantes e à saúde deles/delas, os/as candidatos/as se apoiaram, em grande parte, nos **textos 1 e 5** da coletânea. Advertiram para as perdas financeiras, as dívidas, o furto de familiares, a dependência e outros efeitos psicológicos, como agressão, depressão e até mesmo, em casos extremos, suicídio. Amplamente citado, o vício em apostas foi ainda categorizado por parte dos estudantes, já que ele é reconhecido "como doença pela Classificação Internacional de Doenças (CID-10)". Em seu texto, Pedro Henrique Coutinho de Assis se referiu a casos em que determinados estudantes foram considerados dependentes, o que levou o colégio a convocar seus responsáveis e a conduzir os alunos à orientação pedagógica, ações que alcançaram efeitos positivos. Outras consequências negativas que podem ser acarretadas pelas apostas foram destacadas por Gustavo de Oliveira Barbosa: "vários cenários são possíveis aos jovens alunos, como exposição de dados familiares, identitários ou financeiros, perdas expressivas de dinheiro por golpe ou mudança expressiva de comportamento na escola e no domicílio, como reclusão por vergonha, surtos de raiva e desespero para obter meios para continuar apostando". Enfim, "essa prática compromete todas *as esferas da vida de nossos alunos, sem conferir nenhum benefício real em troca"*, resume Daniel Suda Hatushikano.

Na conclusão do comunicado, algumas sugestões foram levantadas, como a necessidade de realização de um trabalho em parceria com os/as responsáveis pelos/as estudantes, prevenindo (ou eliminando) o envolvimento com as *bets* e, consequentemente, os prejuízos que elas podem causar, pois, como explica Maria Vitoria de Souza Silva, *"a conscientização sobre os riscos e os perigos dos incertos jogos de azar deve começar na casa dos pequenos, bem como orientamos que os pais acompanhem as redes sociais e os aplicativos dos seus filhos".* Essa colaboração também foi destacada por Daniela Albuquerque Fiori ao escrever que *"os profissionais do colégio estão dispostos a dialogar com as famílias, para que haja cooperação entre os círculos escolar e familiar".*

Nota-se um traço comum no encerramento dos comunicados: a retomada da interlocução com os/as destinatários/as do texto redigido, ou seja, os/as responsáveis pelos/as alunos/as. Os/as candidatos/as demonstraram esse direcionamento de formas diversas. Vários se referiram diretamente aos seus interlocutores, seja como *"pais"* (Julia Colpani Ferreira), *"senhores responsáveis"* (Daniel Suda Hatushikano), *"caros senhores responsáveis"* (Daniel Suda Hatushikano) ou *"os senhores"* (Ana Cecília Ioriatti Guizzo). Outros optaram por empregar o pronome possessivo ou o pronome pessoal de tratamento ao reiterar a parceria necessária no combate às apostas, como, por exemplo, dizer que contam *"desde já, com a sua colaboração"* (Gustavo de Oliveira Barbosa), *"com a contribuição de vocês"* (Daniela Albuquerque Fiori), e afirmam esperar *"que medidas semelhantes sejam tomadas por vocês"* (Maria Vitoria de Souza Silva). Em todos esses casos, os comunicados escritos tornam bastante clara a interlocução do/a diretor/a com os responsáveis pelos/

as alunos/as, o que fortalece discursivamente a preocupação, o alerta, as solicitações e os conselhos destacados no texto.

Esperamos que o conjunto de redações aqui selecionadas seja apreciado pelo público leitor deste livro. No caso de estudantes do ensino médio e de cursos pré-vestibulares, que os textos aqui apresentados atestem a importância da *leitura* e da *escrita* para uma boa avaliação de sua redação no Vestibular Unicamp. No caso de professores/as da educação básica, que as explicações aqui apresentadas possam contribuir para maior reflexão de suas práticas em salas de aula no que diz respeito à avaliação das redações de seus/suas alunos/as.

VESTIBULAR UNICAMP 2025
PROPOSTA 1

Você é integrante de um coletivo que defende a igualdade de gênero. Após ler matérias sobre a aprovação de leis que afetam diretamente as mulheres, você constatou que tais leis são elaboradas por um Parlamento majoritariamente masculino. Então decidiu mobilizar suas/seus colegas do coletivo para articular, por meio de iniciativa popular, um Projeto de Lei (PL) que estabeleça igualdade de gêneros nas cadeiras do Congresso Nacional. Você ficou responsável por escrever o **texto de apresentação** desse PL, o qual será lido na Câmara dos Deputados. Em seu texto, você deve destacar: **a)** malefícios que a desigualdade de gênero no Parlamento tem gerado na sociedade brasileira; e **b)** argumentos que comprovam que uma representação política mais igualitária pode levar a um cenário de maior justiça social no país. Você deve, obrigatoriamente, apropriar-se de elementos da coletânea a seguir, demonstrando leitura crítica dela na elaboração de seu próprio texto.

Glossário:

Coletivo: conjunto de pessoas reunidas em prol de um mesmo objetivo: político, social ou artístico.

Iniciativa Popular: consiste na apresentação de um Projeto de Lei à Câmara dos Deputados, assinado por, no mínimo, 1% do eleitorado nacional, distribuído por pelo menos cinco estados, com até 0,3% dos eleitores de cada um deles.

1. Maioria no Congresso Nacional, os parlamentares homens são os principais responsáveis por 74% dos projetos desfavoráveis aos direitos das mulheres. Uma em cada quatro propostas sobre gênero no Congresso prejudica as mulheres de alguma forma. O levantamento do "Elas no Congresso", de 2020, feito pela revista *AzMina*, avaliou 331 Projetos de Lei (PL). Os temas mais abordados foram gênero, aborto, cotas na política e violência doméstica. A doutoranda em Ciência Política da USP, Beatriz Rodrigues Sanchez, acredita que, devido a essa formação assimétrica do Congresso, os valores e a visão dos homens prevalecem, dificultando a instauração de políticas afirmativas e de maior visibilidade à pauta feminina: "Os homens brancos, heterossexuais, empresários e ruralistas ocupam a maior parte das cadeiras no Congresso Nacional".

(Adaptado de OLIVEIRA, Kaynã de. "Machismo estrutural no Legislativo não enxerga interesses das mulheres". Jornal da USP, 21/05/2021.)

2. Índices da população brasileira (IBGE – CENSO 2022)

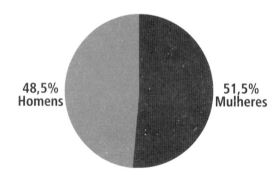

(Disponível em https://censo2022.ibge.gov.br/pano rama/indicadores.html?localidade=BR&tema=6. Acesso em 28/10/2024.)

3. Desvio da realidade

(DORIA, Vinícius. "Congresso é um espelho distorcido da sociedade". Correio Brasiliense, 27/08/2023.)

4. Aprovada por unanimidade na Câmara e no Senado mexicanos, a Reforma Constitucional de 2019 definiu que a busca pela paridade de gênero alcançaria os três poderes e organismos públicos autônomos, como o Banco do México e o Instituto Nacional de Estatística e Geografia. O avanço entre a Reforma de 2014 – que definiu a paridade no Legislativo – e a de 2019 foi possível porque já havia uma paridade no Congresso no momento dessa segunda votação, e, portanto, havia um expressivo número de mulheres parlamentares eleitas que então pressionaram pelo equilíbrio também no Executivo e no Judiciário.

(Adaptado de BIANCONI, Giulliana et al. "Lei de paridade de gênero no México mostra caminho para nova política". Gênero e Número, 22/08/2022.)

5. Está em tramitação na Câmara dos Deputados o Projeto de Lei (PL 1904/24) que equipara o aborto realizado após 22 semanas de gestação ao crime de homicídio simples. Caso aprovado, uma mulher vítima de estupro que interrompa a gravidez pode ter pena maior do que a do estuprador. A pena para homicídio simples – definido pelo Código Penal como o crime praticado quando se mata alguém – varia de 6 a 20 anos de prisão. Já a pena para o estupro varia de 6 a 10 anos, podendo chegar a 12 anos se a vítima tiver entre 14 e 17 anos, destaca a advogada Flávia Pinto Ribeiro, presidente da OAB Mulher Rio de Janeiro.

(Adaptado de SCHROEDER, Lucas; SOUZA, Renata. "Mulher vítima de estupro pode ter pena maior que estuprador em caso de aborto, segundo projeto". CNN Brasil, Política, 13/06/2024.)

6. A deputada Soraya Santos ressalta que a importância da presença feminina na política vai muito além de discutir temas associados a mulheres. Para a parlamentar, a participação das mulheres se faz necessária para a discussão de pautas mais abrangentes, como violência contra crianças e adolescentes, educação ou saúde. Soraya Santos chama atenção também para uma outra forma de violência política, aquela presente nas estruturas partidárias, que sabotam as candidaturas femininas a cargos eletivos. Embora a legislação obrigue os partidos a reservar no mínimo 30% das candidaturas para mulheres nas eleições para a Câmara dos Deputados, assembleias legislativas e câmaras de vereadores, até muito recentemente, a prática mais comum, conforme explica a deputada, era a apresentação das chamadas candidaturas "laranja", uma maneira de burlar a lei. Nas eleições municipais de 2016, mais de 14 mil mulheres tiveram zero voto, muitas delas sequer sabiam que o seu CPF contava para a chapa, exemplifica Soraya Santos.

(Adaptado de "Bancada feminina conseguiu aprovar 43 leis desde o início da legislatura, em 2023". Rádio Câmara, 08/03/2024.)

VESTIBULAR UNICAMP 2025
PROPOSTA 2

Você é diretor/a de uma escola pública e, ao circular pelos corredores dela, no intervalo entre as aulas, notou que os/as alunos/as do Ensino Fundamental estavam usando o celular para apostar dinheiro em um jogo de azar. Preocupado/a com a situação, você decidiu escrever um **comunicado** a ser enviado aos responsáveis por esses/as alunos/as, expressando as preocupações da instituição com esse novo hábito de crianças e pré-adolescentes. Em seu texto, você: **a)** explica de que forma essas apostas por celular podem prejudicar o comportamento dos alunos na escola; e **b)** alerta sobre os principais perigos a que crianças e pré-adolescentes estão sujeitos ao se envolverem com as *bets*. Você deve, obrigatoriamente, apropriar-se de elementos da coletânea a seguir, demonstrando leitura crítica dela na elaboração de seu próprio texto.

Glossário:

Bets: o termo "*bet*" é a palavra em inglês para "aposta". No contexto de jogos de azar, a palavra *bets* se refere a qualquer tipo de aposta feita em eventos cujo resultado é incerto, como partidas esportivas ou jogos de cassino. A palavra tem sido amplamente adotada por diversas plataformas de apostas *online*.

(Adaptado de LEITES, Raphael. "O que são *bets*?". Estadão – E-investidor. 01/10/2024.)

1. Um universo cheio de tigrinhos, aviõezinhos, moedas de ouro e craques do futebol. O que parece fascinante é perigoso e não tem poupado crianças e adolescentes, público que cresce à medida que os algoritmos das redes sociais insistem em disseminar propagandas de jogos de azar, apostas *online* e *bets*. Além de jogar, influenciadores com idade entre seis e 17 anos estão sendo recrutados por casas de apostas virtuais para fazer publicidade daquilo que sequer deveriam acessar, mostrou investigação do Instituto Alana. Atraído por jogadores e locutores famosos, o estudante L., de 13 anos, decidiu se arriscar como técnico de futebol e usou escondido o cartão de crédito da avó para bancar suas apostas. Chegou a gastar R$30 mil. Perdeu tudo. Ivelise Fortim, professora de psicologia e de tecnologia em jogos digitais da PUC-SP, explicou que "jogos de apostas são proibidos para crianças e menores de idade porque eles têm maior impulsividade e dificuldade de controle, sem a maturidade necessária para tomar decisões sobre o risco financeiro envolvido. Entre as consequências mais graves para esse público, estão a depressão e o suicídio".

(Adaptado de BITTENCOURT, Carla. "Apostas *online* atraem crianças e adolescentes, apesar de ilegais". Portal Lunetas, 26/06/2024.)

2.

APOSTAS EM BETS
12-14 out. 2024 (em %)

	margem de erro	sim	não	preferem não responder
população total	2 p.p.*	24	73	3
escolaridade				
fundamental	3,1 p.p.	27	70	3
médio	3 p.p.	23	75	2
superior	5 p.p.	22	75	4
renda familiar				
até 2 SM**	2,9 p.p.	28	69	3
de 2 a 5 SM	3,5 p.p.	19	78	3
mais de 5 SM	4,3 p.p.	20	78	2

* p.p. = pontos percentuais
** SM = salário mínimo

(Adaptado de PODER360, 17/10/2024.)

3.

(Charge de Benett. Folha de S. Paulo, 20/08/2024.)

4. As *bets* estão em processo de regulamentação no Brasil. Atualmente, só podem funcionar as empresas de apostas autorizadas pelo governo. Os demais *sites* devem ser bloqueados. A advogada Monique Guzzo, das áreas de Direito Público e Regulatório, explica que, antes da lei das *bets* (Lei 14.790/23), as apostas de quota-fixa estavam legalmente permitidas desde 2018, mas não havia um sistema de controle de entrada, fiscalização ou tributação. "Isso permitia que empresas estrangeiras operassem no Brasil sem um retorno significativo de impostos ao governo." Além disso, não existia um órgão específico para regulamentar e fiscalizar essas empresas, o que dificultava o controle sobre a prática. Com a nova lei das *bets*, foram introduzidos requisitos e diretrizes para tal regulamentação.

(Adaptado de "Regulamentação das *bets*: o que pode e o que não pode? Entenda." Portal Migalhas, 03/10/2024.)

5. No interior de São Paulo, a enfermeira Gabriely Sabino foi finalmente encontrada, após passar uma semana desaparecida. Ela assumiu à imprensa ter fugido após contrair dívidas ao investir no "Jogo do Tigrinho", uma espécie de caça-níqueis *online*. Em Alagoas, dois influenciadores digitais foram presos, suspeitos de divulgar ganhos falsos e atrair jogadores para o mesmo *game* de apostas. No Maranhão, a polícia investigou suicídios que teriam ocorrido após usuários perderem grandes quantias na plataforma. O "Jogo do Tigrinho" chama apostadores com uma forte promessa de ganhos rápidos e fáceis. Para o psiquiatra Rodrigo Machado, do Instituto de Psiquiatria da Universidade de São Paulo, o ciclo vicioso causado pelo jogo precisa também ser visto sob uma ótica de saúde pública. "A gente fica dependente não só de substâncias químicas, mas também de comportamentos altamente sedutores para o cérebro, como o transtorno do jogo. No Brasil, o vício em apostas é identificado como doença pela Classificação Internacional de Doenças (CID-10), nas categorias mania de jogo e jogo patológico.

(Adaptado de QUEIROZ, Gustavo. "Jogo do Tigrinho: os perigos de se viciar em *games* de aposta". Brasil de Fato, 01/07/2024.)

VESTIBULAR UNICAMP 2025
EXPECTATIVAS DA BANCA

A banca elaboradora da prova de Redação do Vestibular Unicamp 2025 espera que os/as candidatos/as, ao produzirem seus textos, demonstrem leitura crítica e aprofundada da coletânea, integrando as informações nela contidas de maneira coerente e articulada. É essa leitura que servirá de base para a escrita de dois textos de gêneros discursivos diferentes: um **texto de apresentação** e um **comunicado**. A banca espera ainda que os/as candidatos/as atendam aos comandos específicos de cada uma das propostas da prova: seja para defender a igualdade de gênero na política (Proposta 1), seja para alertar sobre o perigo da exposição de crianças e pré-adolescentes aos jogos de azar *online* (Proposta 2).

Proposta 1

Nesta proposta, o gênero sugerido foi um **texto de apresentação** de um Projeto de Lei (PL) a ser lido na Câmara dos Deputados. Em seu texto, o/a candidato/a deve assumir o papel de um/a cidadão/ã, integrante de um coletivo, que visa apresentar um posicionamento claro, sustentado por argumentos ancorados nas informações disponíveis na coletânea, acerca da necessidade de um Projeto de Lei que estabeleça a *igualdade de gênero* nas cadeiras do Congresso Nacional.

Seria essencial destacar os malefícios da desigualdade de gênero no Parlamento, evidenciando como a predominância masculina – responsável por 74% dos projetos desfavoráveis às mulheres, segundo a matéria da *AzMina* (texto 1 da coletânea) – resulta em decisões que prejudicam ou negligenciam os direitos femininos. A composição assimétrica do Congresso limita tanto a criação de políticas afirmativas quanto o debate entre diferentes perspectivas a respeito das leis propostas pela casa legislativa, como aponta o texto 1 da coletânea. Exemplos concretos, como o PL 1904/24 (texto 5 da coletânea), que equipara o aborto ao crime de homicídio, ilustram os impactos negativos de um ambiente político que não reflete a pluralidade social e de gênero de nossa sociedade.

Além disso, seria fundamental argumentar em favor de uma representação política mais igualitária. O Brasil, embora tenha uma população majoritariamente feminina (como se pode verificar no texto 2 da coletânea), apresenta um Congresso com uma representatividade desproporcional, com apenas 18,3% de mulheres na Câmara e 18,5% no Senado (conforme o texto 3 da coletânea). A experiência do México, onde a paridade de gênero no Legislativo permitiu avanços significativos em outros poderes, demonstra como a igualdade no Parlamento pode gerar transformações positivas e ampliar a justiça social (texto 4 da coletânea). A presença feminina não apenas fortalece o debate sobre direitos das mulheres, mas também enriquece discussões mais amplas que beneficiam toda a sociedade, como nas áreas da saúde, da educação e da proteção às crianças, conforme destacado pela deputada Soraya Santos no texto 6 da coletânea.

Nota-se, portanto, que esta primeira redação proposta configura uma interpelação cívica, pois materializa discursivamente uma iniciativa popular voltada à proposição de um Projeto de Lei, com o objetivo de convencer cidadãos e parlamentares sobre a relevância da legislação a ser implementada. Para executar essa tarefa satisfatoriamente, a redação deveria ainda ser produzida em uma linguagem formal e persuasiva, em que se demonstrem leitura dos textos da coletânea e domínio de recursos linguísticos (escolhas lexicais e coesivas) que configurem o gênero solicitado na proposta. Mais do que reproduzir as informações disponíveis na prova, é imprescindível articulá-las de maneira crítica, construindo argumentos sólidos e adequados para a elaboração do texto de apresentação de um Projeto de Lei a ser lido na Câmara dos Deputados.

Proposta 2

Nesta proposta, simula-se uma cena cada vez mais corriqueira, e por isso mesmo preocupante, flagrada em uma escola de educação básica: alunos usando o celular durante os intervalos das aulas para apostar dinheiro em *jogos de azar*. A situação de produção demanda, então, que os/as candidatos/as assumam o papel de diretor/a dessa instituição, e escrevam um **comunicado** aos responsáveis por essas crianças e (pré-)adolescentes, alertando-os sobre esse novo tipo de comportamento que, além de perigoso, é ilegal para menores de idade, caso dos alunos do ensino fundamental daquela escola.

Para elaborar o seu texto, o/a candidato/a deveria ler criticamente a coletânea para mobilizar informações ali contidas e, a partir de então, responder às tarefas solicitadas no comando da proposta. O texto 1, por exemplo, alerta para o assédio a influenciadores mirins, constantemente recrutados para divulgar jogos de azar em suas redes sociais. A lógica algorítmica atrai diversos jogadores, sem poupar crianças e (pré-) adolescentes – mais impulsivos e imaturos, afirma a psicóloga Ivelise Fortim –, tal como aconteceu com L., de 13 anos, que gastou as economias de sua avó com apostas *online*.

Esse universo fascinante de tigrinhos e aviõezinhos coloridos, moedas de ouro e craques de futebol (de que trata o texto 1) também é ilustrado na charge "Alice no país das *bets*" – alusão à obra *Alice no país das maravilhas* –, do texto 3 da coletânea, em que uma criança se mostra seduzida pelo mascote da *bet* conhecida como o "Jogo do Tigrinho". A interleitura com a obra literária – que, por sinal, consta na lista de leituras obrigatórias do Vestibular Unicamp 2025 – é inevitável: o tigrinho nos remete à personagem Gato Cheshire (Gato Risonho, Gato Ilustrado ou Gato que Ri); porém, o caminho convidativo, no mundo real, pode levar as crianças a uma armadilha nada encantadora. Atrás da árvore que sustenta o tigrinho esconde-se uma pessoa em situação de rua. Subentende-se, portanto, que a ilusão das *bets* pode levar à pobreza.

O quadro do texto 2, "Apostas em *bets*", ratifica esse risco a que está exposta toda a população consultada na pesquisa (24% apostam em *bets*) realizada entre 12 e 14 de outubro de 2024. A incidência das apostas é significativa, independentemente da escolaridade (27% dos apostadores têm o ensino fundamental, 23%, o ensino médio e 22%, o ensino superior) ou do grau de vulnerabilidade econômica (28% dos jogadores ganham menos de dois salários mínimos, 19%, de dois a cinco salários mínimos e 20%, mais de cinco salários mínimos), mesmo levando em conta as margens de erro para cima ou para baixo, segundo os dados do PODER360.

Nota-se, assim, que a sedução do "Jogo do Tigrinho" é também fatal para adultos que se deixam endividar, como são os casos apontados no texto 5 da coletânea: há pessoas que, envergonhadas pelo vício no jogo, desaparecem buscando anonimato, como foi o caso da enfermeira Gabriely Sabino, do interior de São Paulo. E há até casos de suicídio, como dois episódios ocorridos no Maranhão, o que só comprova o diagnóstico do psiquiatra Rodrigo Machado de que o ciclo vicioso causado pelo jogo de apostas, assim como o vício por substâncias químicas, deve ser tratado como um problema de saúde pública. Não por acaso o transtorno é identificado como doença pela Classificação Internacional de Doenças (CID-10), conforme informação do texto 5. É nesse sentido que a educação escolar se faz fundamental, pois conscientiza, ensina e orienta crianças e (pré-)adolescentes sobre os perigos desses jogos de apostas, prevenindo, assim, adultos com propensão ao vício em jogos desse tipo.

É indiscutível, portanto, a urgência da regulamentação desses caça-níqueis *online*, tal como nos contextualiza o texto 4 da coletânea. A regulamentação das *bets* está em pauta no Brasil. Desde 2018, a Lei 14.790/23 permitia apostas de quota--fixa, sem que houvesse fiscalização ou tributação, ou seja, sem que houvesse qualquer controle sobre a prática, o que explica o porquê de inúmeras empresas estrangeiras operarem no país. As regras estão sendo atualmente rediscutidas no Congresso Nacional, o que torna essa segunda proposta de redação extremamente relevante e contemporânea.

Trata-se, pois, de uma preocupação de ordem pública que se torna, por extensão, também uma preocupação educacional, o que justifica a atitude da direção de uma escola ao escrever um comunicado alertando sobre os perigos implicados no novo hábito dos alunos de apostar em jogos *online*. Nessa produção escrita, espera-se que os/as candidatos/as se apropriem criticamente das informações disponíveis nos textos da coletânea e utilizem uma linguagem igualmente formal, com clara demonstração de domínio de recursos linguísticos (escolhas lexicais e coesivas) que valorizem o gênero discursivo solicitado na proposta.

VESTIBULAR UNICAMP 2025

REDAÇÕES DOS CANDIDATOS

PROPOSTA 1

REDAÇÃO 1

ISABELLA SECCO WEKSLER
Ensino Médio (escola particular)
São Paulo / SP
Medicina (Integral) / (1ª opção)

Estimadas e estimados parlamentares,

Gostaria, primeiramente, de agradecer pela atenção e dizer que é uma honra inestimável me dirigir às senhoras e aos senhores. Represento, orgulhosamente, o coletivo Juntas, mas, mais do que uma representação política, venho hoje em nome da população brasileira – homens e mulheres – que, acredito, poderão se beneficiar de uma maior igualdade de gênero nas cadeiras do Congresso Nacional. Trago, nesse sentido, um Projeto de Lei, elaborado por iniciativa popular, para fortalecer a equidade de gênero na política de nosso país. Gostaria de elencar, brevemente, as razões que tornam esse PL tão urgente.

Em primeiro lugar, não é novidade alguma que a desigualdade de gênero no Parlamento prejudica a sociedade brasileira. Segundo o levantamento feito pela revista AzMina, de 2020, os parlamentares homens são responsáveis por, aproximadamente, ¾ dos projetos desfavoráveis aos direitos das mulheres. Em 4 anos, infelizmente, pouca coisa mudou: sabemos que há, a cada dia, mais projetos que oprimem as mulheres, como o PL 1904/24, que equipara o aborto após 22 semanas de gestação a um homicídio simples. O que podemos esperar de uma Câmara dos Deputados composta, aproximadamente, por 420 homens (quase 80% do total de cadeiras)? Pessoas do gênero masculino não são acometidas, na pele, pelas injustiças que se abatem sobre nós, mulheres. Por isso, o PL elaborado por nós, e reiterado pela população brasileira, prevê um aumento da fiscalização de candidaturas, evitando as candidaturas "laranja", além de aumentar a reserva de 30% para 50% de candidaturas femininas.

Em segundo lugar, é evidente que uma maior paridade de gênero, tanto aqui, na Câmara, quanto no Senado, traz benefícios em termos de justiça social. É certo que a população de nosso país é composta por pouco mais da metade de mulheres, que, no entanto, seguem sendo minoria nos cargos de liderança – tanto na esfera pública quanto na privada. Isso se deve, em boa parte, a uma perpetuação da cultura machista em nossa sociedade. Uma maior equidade na composição de gênero do Parlamento de nosso amado país pode, nesse contexto, servir de exemplo para outras organizações, que poderão, a partir disso, aumentar a paridade em seus cargos, inspiradas pelo espelho do Congresso. Além disso, a renovação do olhar para campos como saúde e educação, com a maior presença de mulheres na política representativa, pode ajudar a melhorar esses campos, tão combalidos em nosso país.

Por isso, senhoras e senhores, peço que votem com consciência, em busca do avanço de nossa nação como um todo – e para todas e todos. Pelo tempo e atenção, muito obrigada.

REDAÇÃO 2

LEONARDO MACHADO ZANINELI
Ensino Médio (escola particular)
Valinhos / SP
Treineiro de Ciências Exatas / Tecnológicas

Boa tarde, caros deputados! Hoje, viemos à Câmara dos Deputados para pôr em pauta e mobilizá-los sobre uma questão que os envolve diretamente: a maioridade masculina no Parlamento e os problemas gerados por essa desigualdade. Viemos aqui não apenas apresentar-lhes tal conjuntura, da qual os senhores já estão muito bem cientes, mas também para convencê-los da importância de uma representatividade igualitária na política brasileira.

É notável, deputados, como a grande parte de vocês não só exemplifica tal desigualdade que assombra a política e a sociedade brasileira, mas parece também simpatizar com ela. Dados do levantamento "Elas no Congresso", do ano de 2020, revelam como a maioria masculina da política do país é a responsável pela maior parte dos projetos de lei que desfavorecem a mulher brasileira em seus direitos e sua segurança, para que os valores machistas dos senhores dominem o Congresso. As mulheres, metade da população do Brasil, precisam estar na política. Hoje mais de 80% dos lugares do Congresso foram ocupados por homens, muitos que agora querem punir uma mulher estuprada por mais tempo que o estuprador apenas por abortar uma gestação, de acordo com o PL 1904/24. Vocês reprimiram as vozes delas, e ainda querem reprimir sua dignidade?

Agora, deputados, permitam-me descrever um cenário, e peço que o imaginem. Pensem em um país no qual há igualdade de representação nos poderes federais e nos órgãos do Estado, longe dos golpes e sabotagem que impedem a candidatura à política das mulheres, apontados pela deputada Soraya Santos, e que vocês não podem negar a existência. Agora, saibam que um cenário como esse já se tornou uma realidade no México. Tomemos esse caso como exemplo de futuro possível, que abriria portas para as mulheres na política e que, com sua presença, aumente também as discussões sobre violência, educação e saúde por meio do olhar feminino, como ressaltado também pela deputada. Digo que, assim, a política poderia encontrar um equilíbrio entre a diversidade de opiniões que haveria com tal igualdade, e que a justiça estaria mais perto de prevalecer no Congresso.

Portanto, caros deputados, apresento-lhes agora nossa iniciativa popular do Projeto de Lei 2024/06, a PL da igualdade da representação política, com o objetivo de garantir uma diferença mínima entre o número de homens e mulheres que ocupam os assentos do Congresso Nacional. Contamos com a participação e a mobilização dos senhores para fazerem parte dessa luta em busca da justiça à figura feminina no Brasil. Agradeço a atenção de todos.

REDAÇÃO 3

LUIZA DE LIMA GOMES
Ensino Médio (escola particular)
Curitiba / PR
Arquitetura e Urbanismo (Noturno) / (1ª opção)

Diante do contexto nacional de evidente desigualdade de gênero nas cadeiras do Congresso Nacional, o coletivo "Delas" elaborou o Projeto de Lei da Igualdade de Gênero, o qual assume como fio condutor a maior participação das mulheres na política do Brasil como vetor do desenvolvimento de uma justiça social comprometida com a redução de desigualdades e com o esfacelamento da cultura patriarcal que, historicamente, rege os caminhos da política nacional.

Com base nesses princípios, destaca-se que a atual distribuição das cadeiras parlamentares no Congresso atua na sociedade como um agente predatório na medida em que representa uma noção distorcida da realidade nacional. Conforme o mais recente censo realizado pelo IBGE, as mulheres compõem a maioria populacional do país (51,5%). Entretanto, a Câmara dos Deputados e o Senado, por sua vez, seguem hegemonicamente masculinos e brancos, enquanto a representatividade feminina em ambas as casas é bastante restrita – contando com 94 de 513 cadeiras e 15 de 81, respectivamente. Tal assimetria distributiva corrobora, portanto, a fortificação e a permanência de um ciclo extremamente desfavorável à promoção da representatividade feminina no Congresso, visto que a predominância masculina no Parlamento faz com que as pautas discutidas e aprovadas no Legislativo sejam constituídas por um viés patriarcal e, por vezes, misógino. Somado a isso, questões da mulher acabam sendo negligenciadas e, quando debatidas, o resultado desfavorece o fortalecimento dos direitos femininos – como o PL (1904/24), que, além de estar em descompasso com os movimentos femininos emancipatórios, coloca as mulheres vítimas de estupro que decidem abortar em posição pior que a do agressor que as estuprou.

Além disso, ressalta-se que a ampliação da presença feminina no âmbito político atinge, também, a discussão de temas essenciais para o desenvolvimento do país, como planejamento urbano, saúde e educação públicas. Considerando o contexto atual do Brasil, o qual é caracterizado pela predominância de núcleos familiares chefiados por mães solteiras negras e maioria populacional feminina, torna-se indiscutível que o âmbito masculino branco do Congresso não é capaz de representar os interesses dos cidadãos do país e suas reivindicações. Enquanto o Brasil é feminino e negro, o Congresso é masculino e branco.

Diante do exposto, visando entrar em consonância com a realidade social do país e romper com o caráter masculino e patriarcal da política brasileira, o PL da Igualdade de Gênero propõe o estabelecimento de cotas severas e equitativas para a composição do Congresso e de todos os órgãos estatais que articulam a máquina dos três Poderes da União, além do incremento na fiscalização dos corpos partidários e de seus mecanismos fraudulentos, os quais buscam romper com os pré-requisitos de participação feminina já existentes. Com isso, o coletivo "Delas" reafirma o seu compromisso com a promoção de igualdade de gênero, de representatividade feminina e de justiça social no Brasil.

REDAÇÃO 4

MARIA ELISA SILVA MORITA
Ensino Médio (escola particular)
São Paulo / SP
Comunicação Social: Midialogia (Integral) / (1ª opção)

Prezados deputados e deputadas da Câmara, tendo em vista os malefícios causados pela disparidade de gênero nos espaços de representação política, o Projeto de Lei a seguir tem como finalidade minimizar a desigualdade entre homens e mulheres integrantes do Parlamento, no sentido numérico.

O termo República advém do latim: "Res", coisa, e "pública", ou seja, coisa pública, do povo. No entanto, o Relatório das Desigualdades no Brasil de 2024 denuncia as lacunas de representatividade desse povo nos espaços de poder. Dessa forma, a falta da participação pública revela um grande perigo, visto que, segundo o Conselho de Segurança Nacional, a representatividade política é o que garante o caráter democrático dos governos. Isso, pois, sem esta, diferentes realidades sociais são invisibilizadas e apagadas de projetos de governos que, ao longo da história brasileira, contemplaram preferencialmente homens brancos e heterossexuais. Assim sendo, é inegável que a ausência de conhecimento empírico da realidade vivenciada por mulheres no Brasil impede que essas sejam efetivamente contempladas por uma política majoritariamente feita por homens. Nessa ótica, a representatividade é o que garante a eficiência do Legislativo, do Judiciário e do Executivo para além das letras frias da lei, ainda que bem-intencionadas.

Por consequência, as mulheres brasileiras são prejudicadas, em casos de opressão de gênero, duas vezes no Brasil. A primeira no ataque, como a violência doméstica e o estupro, e a segunda no momento do julgamento, que é amparado por leis que, promovidas pela ótica masculina, acabam por perpetuar um movimento de controle sobre o corpo da mulher por parte de um homem, na hora da agressão, e por vários no processo judiciário. Dessa forma, uma "coisa do povo" democrática requer a participação das mulheres, que são mais da metade da população. Só uma mulher é capaz de promover políticas justas a partir do conhecimento da realidade daquelas que representa publicamente, e mudar o foco dos beneficiados pela lei, que se mantém o mesmo desde a Primeira República.

Portanto, é necessário que o movimento comece pelas esferas de poder mais baixas, para que possam subir gradualmente até o Executivo. Por isso, todos os partidos que burlarem a lei de cotas de 30% para candidaturas de mulheres deverão ser criminalizados e reportados publicamente pelos atos de sabotagem, de modo que o eleitorado possa votar consciente desses desvios da lei. Além disso, partidos que se recusarem a promover a candidatura ou financiarem de forma desigual a propaganda eleitoral entre candidatos homens e mulheres, bem como aqueles que se recusarem a responder pelos crimes cometidos, deverão ser impedidos de participar com qualquer candidato, tornando-os inelegíveis durante a eleição decorrente.

REDAÇÃO 5

SOFIA MISSONO GENEROSO
Ensino Médio (escola particular)
Rio Claro / SP
Odontologia (Integral) / (1ª opção)

Saudações a todos os presentes, agradeço pela oportunidade de dar voz à iniciativa popular apoiada pelo coletivo Elas, do qual sou integrante orgulhosa. Venho hoje apresentar o Projeto de Lei que dá propósito a nossa reunião: Elas no comando – por igualdade de gêneros nas cadeiras do Congresso Nacional. Por meio deste PL, buscamos a legitimação de nossos princípios, visando combater a corrupção e a violência política, presentes nas estruturas partidárias que sabotam as candidaturas femininas, agindo como entraves às iniciativas já existentes de igualdade de gênero. Atualmente as leis são elaboradas por um Parlamento majoritariamente masculino, que, rodeado pelo machismo estrutural de nossa sociedade, é incapaz de instaurar políticas afirmativas relevantes e de maior visibilidade à pauta feminina.

Sob esse viés, os interesses das mulheres, que são maioria numérica com 51,5% de toda a população, são marginalizados e continuamente atacados. A exemplo do PL 1904/24, que está em tramitação na Câmara dos Deputados: caso seja aprovado, estabelecerá que uma mulher vítima de estupro tenha uma pena muito maior que seu estuprador em caso de aborto. Isso, além de inconstitucional, transmite a mensagem de que vítimas de violência não possuem o mesmo apoio que seus violadores, protegidos por muitos outros meios no Sistema Judiciário, prevalecendo a violência sobre a vida.

Ademais, é indispensável ressaltar que estabelecer a igualdade de gênero nas cadeiras do Congresso Nacional é apenas o início. É necessário instaurar igualdade nos três poderes e em organismos públicos autônomos. No México, com a Reforma Constitucional de 2019, esse avanço foi não só alcançado, como demonstrou um caminho para nova política. Temas como gênero, aborto, cotas na política, violência doméstica, violência contra crianças e adolescentes e saúde e educação foram amplamente discutidos e ganharam mais visibilidade com as mudanças. Demonstrando, portanto, como uma representação política mais igualitária pode nos levar a um cenário de maior justiça social no país.

Concluo a apresentação do PL – Elas no comando com o desejo auspicioso de alcançar nossas metas para a paridade de gênero, a fim de mitigar o machismo estrutural que distorce a realidade e as necessidades de nós, mulheres, cidadãs brasileiras, e acima de tudo garantir que juntas façamos deste, um mundo mais pacífico, igualitário e respeitoso; melhor para todos. Obrigada pela atenção de todos.

REDAÇÃO 6

ANA GONÇALVES NOGUEIRA
Ensino Médio (escola pública)
Vitória / ES
Medicina (Integral) / (1ª opção)

A tramitação do Projeto de Lei (PL 1904/24) responsável por caracterizar o aborto realizado após 22 semanas como homicídio simples foi responsável por escancarar um retrocesso político e social no que tange às conquistas dos direitos da mulher realizadas nos últimos anos. Não só isso, mas revelou a permanência de uma dura desigualdade representativa no Parlamento, razão motivadora da elaboração de ações pensadas por mulheres e para mulheres. Assim surgiu, então, um novo Projeto de Lei que será apresentado aos senhores Deputados, elaborado pelo coletivo "Mulher é Política", o qual eu represento hoje.

O Projeto de Lei proposto hoje preconiza a equiparação de cadeiras ocupadas por homens e mulheres no Congresso Nacional e visa, portanto, ao impedimento da instrumentalização da justiça social e do cerceamento da liberdade do corpo feminino. De acordo com o censo do IBGE de 2022, 51,5% da população brasileira era formada por mulheres, maioria essa, senhores, que não é refletida representativamente, visto que das 513 cadeiras da Câmara, por exemplo, apenas 94 são ocupadas por pessoas do gênero feminino. É suscitado o questionamento, então, de como podemos lutar pela permanência e pelo avanço dos nossos direitos se aqueles que detêm o poder de decisão são, em sua maioria, homens.

A dura realidade, então, é revelada: não é possível garantir a segurança dos nossos direitos quando prevalecem nos ambientes políticos valores patriarcalistas arcaicos, indiferentes à condição da mulher no Brasil. O PL 1904/24 mencionado, por exemplo, é apenas um em meio a muitos cuja constituição prejudica mulheres e meninas, visto que, segundo um levantamento realizado em 2020 pela revista "AzMina", a maioria dos projetos dentre os 331 analisados abordavam negativamente temas como cotas políticas e violência doméstica e foram realizados por homens.

Buscar por uma representação mais expressiva, portanto, vai além da esfera do debate, senhores, e pode provocar uma mudança no cenário de justiça social que se faz necessária. Para mencionar a ilustre Deputada Soraya Santos, reitero sua afirmação de que a participação feminina não atinge apenas questões de gênero, mas abre caminhos para a discussão de pautas como a violência contra crianças e adolescentes e pautas educacionais, por exemplo. Ou seja, uma equiparação da representação política, almejada por esse Projeto de Lei, é sinônimo de lutar pela justiça social como um todo, iniciando uma ruptura no machismo estrutural que permeia a sociedade brasileira. A presença de projetos como esse, então, é muito mais que um capricho, mas um esforço nosso – que deve ser coletivo – para garantir a melhoria do cenário social que compartilhamos.

REDAÇÃO 7

ELISA BRITO MARTIRE
Ensino Médio (escola particular)
São Paulo / SP
Medicina (Integral) / (1ª opção)

Primeiramente, desejo um bom dia a todos os deputados e colaboradores aqui presentes. Como representante do coletivo "Mulheres do Povo", cujas pautas abordam, entre outras, a promoção da igualdade de gênero no corpo social brasileiro, venho apresentar uma nova proposta à Câmara dos Deputados. Tendo em vista as últimas aprovações legislativas que se referem aos direitos femininos, advindas desse cenário político pouco plural com o qual, hoje, me deparo, proponho-lhes o "PL das Cadeiras": um novo Projeto de Lei que tarda a ser implantado. Através desta iniciativa popular, trago-lhes uma séria mobilização, que visa a uma maior representatividade feminina nas cadeiras do Congresso Nacional.

Vamos aos números, senhores deputados. Embora nosso censo de pesquisa – o IBGE – já tenha demonstrado uma maioria de 51,5% de mulheres na população brasileira, essa realidade é incompatível com o cenário político do país, uma vez que, das 513 cadeiras da Câmara, apenas 94 são destinadas à porção feminina. Essa desigualdade numérica, no entanto, é compatível com a tramitação de atuais projetos, como o "PL 1904/24", que equipara a pena destinada ao aborto ao crime de homicídio. Essa tentativa de impor autoridade masculina sobre os corpos femininos apenas demonstra que, mais uma vez, a mulher brasileira não é ouvida e que, sobre ela, são impostas leis planejadas por homens que também não enxergam sua realidade. A emancipação e a autonomia feminina são direitos básicos que se encontram barrados por uma estrutura política que não permite a ascensão da paridade de gênero. É nesse contexto que o "PL das Cadeiras" se faz imprescindível. Ademais, ressalto ainda que o novo Projeto de Lei apresentado não implica conceder privilégios às mulheres. Nós, da organização "Mulheres do Povo", apresentamos o anseio por justiça social. Uma participação mais igualitária na política, certamente, contribuirá com nosso objetivo e, dessa forma, pautas como a violência infantil, a educação e a saúde do povo brasileiro como um todo serão levadas adiante. O "PL das Cadeiras", portanto, visa atingir os mais diversos aspectos da sociedade ao conferir visibilidade a assuntos pouco discutidos atualmente, mas cruciais para a população brasileira, tão plural como seus representantes políticos deveriam ser. Desse modo, afirmo que está na hora, senhores deputados. É tempo de se levantar de suas cadeiras e conceder seus assentos à justiça social. Agradeço a atenção de todos os ouvintes e aguardo respostas a respeito da proposta que lhes foi apresentada.

REDAÇÃO 8

MANUELLA DE LA CERDA ABELHA FUTURO
Ensino Médio (escola particular)
São Paulo / SP
Medicina (Integral) / (1ª opção)

Boa tarde, senhores deputados. Como uma liderança do coletivo feminino "Mais Igualdade para Elas", após ler uma matéria sobre o Projeto de Lei em tramitação na Câmara dos Deputados, responsável por criminalizar a prática do aborto de forma mais incisiva do que o estupro, me vi na obrigação de agir diante desse cenário de constante opressão dos interesses das mulheres. Nós, mulheres, somos submetidas a uma política feita, majoritariamente, por homens, o que permite a exclusão da figura feminina na aprovação de leis que nos afetam diariamente. Quantas mulheres precisarão ser estupradas, violentadas em sua própria casa e mortas, para que os senhores estejam dispostos a incluir a identidade feminina nesses espaços políticos que, atualmente, traçam nossos trágicos destinos?

Diante disso, nosso coletivo articulou um Projeto de Lei que defende a igualdade de gênero no Congresso Nacional, uma vez que este é constituído por uma maioria de homens brancos, cujo único interesse é a manutenção de seus privilégios. É importante ressaltar que essa iniciativa popular busca não só reverter as injustiças contra a mulher provocadas por uma política machista, mas, também, combater um cenário social fragilizado devido a essa desigualdade. Essa fragilização social pode ser observada por um racismo e etnocentrismo materializados na composição desta Câmara de Deputados e do Senado, caracterizados por uma parcela reduzida de pardos, pretos e indígenas. Observem, senhores deputados, que a ausência da figura feminina permite a construção de uma política centrada nos interesses de uma minoria, de forma a favorecer a perpetuação da submissão de grupos marginalizados (como as mulheres, os pretos, os pardos e os indígenas) a leis que não os protegem.

Os benefícios do Projeto de Lei que apresento, hoje, a vocês, deputados, podem ser exemplificados a partir das Reformas de 2014 e 2019, adotadas pelo nosso companheiro latino, o México. A Reforma de 2014, ao definir a paridade de gênero no Legislativo, permitiu ao país que, cinco anos depois, fosse possível estender essa igualdade ao Executivo e ao Judiciário, além de organismos públicos. Dessa forma, a capacidade do México de ampliar as pautas de discussão política foi favorecida, visto que a participação feminina política não se restringe a temas associados à mulher, de maneira a incluir, no debate, assuntos pertinentes para diferentes setores sociais (saúde, educação, infância e juventude, por exemplo).

Por fim, deputados, mais uma vez, ressalto essa iniciativa como uma resposta às políticas feitas para mulheres, mas não por mulheres. Esse modo de fazer política exclui, violenta e mata não apenas nós, mulheres, mas, também, os demais grupos marginalizados; é hora de mudar a nossa política e quem a faz.

REDAÇÃO 9

LEONARDO HENN DE CASTRO ROCHA
Ensino Médio (escola particular)
São Paulo / SP
Engenharia de Manufatura (Integral) / (1ª opção)

[Em alto e bom som] Colegas, apresento aos senhores o clamor das ruas: depois de algumas semanas de amplo debate e diálogo com a sociedade civil, à qual todos nós, membros desta casa, somos subordinados, foi articulado, por meio de iniciativa popular, um PL que estabelece a igualdade de gêneros nas cadeiras do Congresso Nacional. Foram milhões de assinaturas vindas de todos os cantos do país. Deputados, a ampliação da participação de mulheres na política é necessária para a correção de injustiças históricas em nossa sociedade. [indignação e confusão] Como pode haver democracia sem a verdadeira representação dos anseios do povo?

Vossas Excelências talvez conheçam os números: lá fora, 51,5% da população é feminina. Aqui dentro, não chega a 20%. O resultado disso? Segundo levantamento da revista AzMina, parlamentares homens são responsáveis principais por 74% dos projetos desfavoráveis às mulheres. Infelizmente, a tragédia vai muito além dos números. Trago o questionamento de uma menina, estuprada aos 18 anos, [intensificar com desespero] que seria obrigada a parir o filho do criminoso, caso o PL 1904/24 fosse aprovado, e cumprir pena maior que a dele por decidir abortar: "esses deputados não pensam na gente?" [olhar em volta, em silêncio, para ênfase] [depois, voltar ao tom inicial]

De modo mais geral, a participação feminina em toda a sociedade é subalterna. Em âmbito doméstico, político e de trabalho também há opressão e injustiça. Um Parlamento com paridade na representação de homens e mulheres seria mais preparado para lidar com questões relacionadas à desigualdade de gênero, dado que algumas delas são justamente causadas pela ausência de tal paridade. Carolina de Jesus afirmou que o Brasil precisa ser governado por quem já passou fome porque só quem já passou compreende a urgência de erradicá-la. Similarmente, decisões que afetam diretamente as mulheres devem ser tomadas por mulheres. Nossas irmãs no México têm conseguido transformar a igualdade de representação política em igualdade nas demais áreas, como do trabalho, que impacta positivamente o cotidiano da população feminina. [passar para um tom esperançoso]

Para concluir, espero que os senhores escutem a voz do povo. A desigualdade de gênero aqui no Congresso acarreta a perpetuação de injustiças, como a falta de liberdade pessoal, de representação em posições de poder no mercado de trabalho. A correção dessa desigualdade, por meio deste PL, poderá levar à correção das desigualdades em todos os aspectos lá fora do Parlamento. [entusiasmo] Mudemos o país para melhor! Conquistemos a verdadeira democracia! Viva a igualdade de gênero!

REDAÇÃO 10

MATEUS FRAGA MARESCH
Ensino Médio (escola particular)
São Bernardo do Campo / SP
Ciências Econômicas (Noturno) / (1ª opção)

APRESENTAÇÃO DO "PL DA COTA FEMININA NO CONGRESSO"

É com profundo sentimento de esperança que nós, do Coletivo "Mulheres pela Democracia Efetiva", submetemos ao exame do Congresso Nacional o seguinte Projeto de Lei anexo, subscrito por milhões de brasileiros de vários estados, que, uma vez mais na história, dão prova corajosa de seu comprometimento na luta contra as reminiscências patriarcais de nossa nação. O PL em comento visa instituir cotas na distribuição das cadeiras do Congresso, de modo que a proporção entre homens e mulheres no Parlamento seja coerente com a relação desses gêneros no conjunto das pessoas que habitam o país. Atualmente, enquanto a população brasileira é 51,5% feminina e 48,5% masculina, o Congresso possui 485 parlamentares homens e apenas 109 mulheres! Essa distorção precisa ser urgentemente corrigida, a fim de que o Brasil se torne, de fato, uma democracia REPRESENTATIVA de seu povo!

Mas, engana-se quem pensa que o intuito desse PL é o cumprimento de uma mera formalidade na representação democrática; não, interessa-nos sobretudo o impacto prático que esta medida acarreta. Nos dias de hoje, em que vivemos sob a sobrerrepresentação de homens no Parlamento, vemos surgir muitas propostas que atacam os direitos das mulheres (74% dessas propostas são carreadas por homens, incluindo o PL 1904/24, que penaliza mais a mulher vítima de estupro do que o seu agressor sexual!). Além disso, o país todo é testemunha de como o perfil machista do Congresso contribui para desestabilizar gravemente o funcionamento da democracia e do equilíbrio entre os poderes. Basta recordar que, em 2016, estas casas destituíram a primeira presidenta da República; entre os discursos de fundamentação dos votos, quase nada se ouviu sobre embasamentos jurídicos, mas muita misoginia foi reproduzida.

Não resta dúvida, então, de que a instituição de cotas na distribuição de cadeiras do Congresso caminha no sentido de uma solução EFETIVA para o problema – ao contrário das atuais cotas nas candidaturas, que apenas reforçam o machismo estrutural por meio de "candidaturas laranja". O México adotou algo parecido em 2014 e, já em 2019, observaram-se frutos positivos: o Parlamento mais equilibrado ampliou a política de inclusão para outros órgãos do Estado mexicano. O Brasil mesmo assistiu a um processo análogo a este, com a implementação de cotas raciais nas universidades públicas: os novos estudantes do ensino superior, empoderados, passaram a pressionar por reformas que tornaram as faculdades mais tolerantes e inclusivas (passando por programas de moradia estudantil até iniciativas de representatividade nas referências bibliográficas). Em suma, todo passo a favor da Democracia Efetiva traz consigo um efeito multiplicador de cidadania! Por isso, temos esperança de que o PL seja aprovado, ou de que, no mínimo, sirva para acender uma chama de consciência na sociedade e no próprio Parlamento – o qual, por iniciativa própria, pode traduzir este PL em uma PEC mais afeta ao rito da Constituição.

REDAÇÃO 11

CATHARINA BARBOSA SPEGIORIN
Ensino Médio (escola particular)
Londrina / PR
Medicina (Integral) / (1ª opção)

Olá, senhoras deputadas e senhores deputados! Desde já, agradeço a sua atenção. Sou integrante do coletivo "Nossa voz", cuja luta é pela igualdade de gênero, e estou estarrecida com a proeminente presença masculina no Parlamento – elaborador de leis que afetam, salvo raras exceções, negativamente as mulheres. Essa assimetria é intolerável! Assim, após muitas reuniões, eu e meus colegas do coletivo nos mobilizamos para elaborar um Projeto de Lei que estabeleça igualdade de gênero nas cadeiras do Congresso Nacional. Representando a iniciativa popular, venho tornar pública nossa proposta!

A reivindicação é de tornar obrigatória, entre deputadas e deputados, a mesma proporção de mulheres e homens da nação brasileira, observada no Censo de 2022: 51,5% da população é feminina. Diante disso, se defendemos a ativa representação popular, parece-me contraditório ter apenas 109 mulheres entre os 594 membros do Parlamento. Qual a representatividade democrática vigente, senhores? Além da fragilização da política, marginalizar direitos das mulheres é também sintoma do machismo estrutural na administração pública. Ora, quando a caneta da decisão está na mão dos homens, é natural que a aprovação de um PL, por exemplo, reflita os interesses do grupo social do deputado. Mas não é ético! A "PL do Aborto" é uma manifestação de como a vulnerabilidade feminina, substanciada na paridade de pena para aborto e estupro, é fomentada pela concentração do poder legislativo por homens brancos, tradicionalistas e bem-aventurados financeiramente.

Não hesito em apontar, deputado, a relevância da nossa proposta para a justiça social. Nós, mulheres, temos diariamente a dignidade ameaçada: no risco de violência sexual ao usar o transporte público, na impunidade de agressores e, enfim, no silenciamento de nossa voz política. Precisamos exercer a cidadania, ter a mesma presença dos homens neste espaço democrático! Somente assim serão propostas e aprovadas, finalmente, legislações efetivas para concretizar a igualdade de gênero – uma premissa constitucional, como os senhores bem sabem, que hoje não passa de utopia. Com poder decisório, deputadas poderão lutar pela maior punição do assédio, por mais direitos trabalhistas para as brasileiras e, entre tantas outras coisas, pela garantia do já previsto burocraticamente, como o acesso ao aborto em caso de estupro. Tarefas inadiáveis para a justiça, não é mesmo?

Sendo assim, senhoras e senhores, engajo todos a tirarem do papel nosso PL, que visa, a longo prazo, à igualdade de gênero na nação. Esta é imprescindível para, juntos, construirmos uma democracia sólida e mais justa. Espero que exerçam sua responsabilidade de ecoar a voz do povo! Obrigada.

REDAÇÃO 12

FERNANDA RIBEIRO LOUREIRO CONSOLO
Ensino Médio (escola particular)
São Paulo / SP
Farmácia (Integral) / (1ª opção)

Boa tarde, deputados! Venho por meio deste texto, como uma mulher política, em nome do coletivo do qual participo, apresentar nosso Projeto de Lei que visa estabelecer uma igualdade de gêneros no Congresso Nacional, isto é, que a quantidade de cadeiras ocupadas por mulheres seja igual, ou ao menos próxima, à dos homens. Tal iniciativa teve seu estopim no momento em que entrou em tramitação o PL que equipara o aborto a um homicídio – situação que repudiamos e consideramos desumana – apesar de a ideia estar em nossas mentes há anos devido a diversas razões. Destacarei algumas nos próximos instantes aos senhores.

De início, é imprescindível que compreendam a força do Congresso na democracia: é o espelho da nossa sociedade. Dessa forma, a hegemonia masculina presente é extremamente preocupante, pois o corpo social reflete essa desigualdade, excluindo mulheres do mercado de trabalho, violentando-as ou, até mesmo, exterminando-as. Afinal, por que inserir mulheres em grandes empresas se a maior instituição nacional as exclui? Perceberam a grave mazela que esse comportamento misógino traz para a democracia?

Além disso, destaco que a maioria não só são homens, como são brancos, heterossexuais e abastados, sujeitos que pouco ou nunca sofreram algum tipo de preconceito ou abuso sexual.

Assim, a criação de leis que garantem a integridade feminina é dificultada, e pior: leis que as prejudicam são aprovadas, pois a figura hegemônica no Congresso não se importa com nossos corpos. Nesse momento, trago o exemplo da jovem menina que foi estuprada e engravidou: por volta de seus 10 anos precisou realizar um aborto – para seguir sua vida e almejar planos e sonhos; ao direcionar-se ao hospital encontrou uma multidão que a xingava e o processo foi dificultado. Isso é um reflexo do Congresso em que as mulheres são minoria. Deputados, peço-lhes que imaginem como ficou a saúde mental da pequena garota; agora, reflitam sobre se depois do hospital ela fosse encaminhada à prisão para passar os próximos vinte anos de sua vida.

Por fim, concluo que para atingirmos um cenário de equidade de gênero e justiça social é fundamental modificar a base da sociedade: o Congresso Nacional. Tal modificação consistirá numa maior presença feminina que aumentará a representatividade, contribuindo com a aprovação de leis mais justas que contemplem a integridade da mulher brasileira.

REDAÇÃO 13

MARIA EDUARDA FIDELIS DE ASSIS
Ensino Médio (escola particular)
Osasco / SP
Medicina (Integral) / (1ª opção)

À Excelentíssima Câmara dos Deputados

Nós, do coletivo "Elas podem", viemos por meio desse Projeto de Lei atestar nossa luta pela igualdade de gênero e propor a revisão da estrutura dos órgãos públicos brasileiros. Após uma análise do cenário atual dessas instituições, concluímos que, como um reflexo do comportamento machista da nossa sociedade, as mulheres não têm participação política significativa em decisões que as envolvem, ficando sujeitas às escolhas de um grupo majoritariamente masculino.

Sabemos que dos 513 deputados, apenas 94 são mulheres. Esse número fica ainda menor se levarmos em conta as negras e indígenas. Essa configuração é inaceitável dentro de um sistema democrático, posto que mais da metade do país é representada por indivíduos que não atendem as necessidades das mulheres brasileiras e não garantem os seus direitos, já que esses representantes formulam as leis com base em visões patriarcais e que retiram o poder de decisão feminino, como a recente PL sobre o aborto. Um dos malefícios desse cenário é o fato de que as mulheres não ocupam cargos de chefia, e claro que as medidas tomadas por esse grupo hegemônico tentam inferiorizar o sexo feminino, colocando-o em um lugar de submissão, mas nunca de comando.

Os prejuízos para a sociedade não são apenas esses. A assimetria observada no poder político impede que mulheres pertencentes a outras minorias possam reivindicar seus direitos e, também, uma condição de vida digna. Vimos, recentemente, a transfobia contra a deputada Érika Hilton, situação que só pode ocorrer em um ambiente em que mulheres trans, negras e indígenas sequer são consideradas nas discussões e, por isso, são relegadas à prostituição, ao abuso sexual e doméstico e à discriminação.

Portanto, fica claro que o Projeto de Lei proposto pelo coletivo "Elas Podem" é de extrema importância. Em nossa iniciativa, vemos que é fundamental a institucionalização, por lei, da igualdade no número de cadeiras para mulheres e homens, além da criação de cotas que abarquem grupos minoritários. A proposta não é nova, posto que já foi implementada no México em 2019, onde vem colhendo bons frutos. A partir dessa nova lei, o sexo feminino poderá participar de decisões que o afetam diretamente, ajustando medidas legislativas em prol da mudança do comportamento machista enraizado no país. Ademais, será com as mulheres nessas cadeiras que haverá maior discussão de temas hoje negligenciados, como o direito de crianças e adolescentes, o planejamento familiar e a inclusão de grupos marginalizados.

Pedimos que, em prol de um país mais justo e democrático, os senhores deputados discutam o PL e o levem adiante, priorizando a justiça social no Brasil.

REDAÇÃO 14

MARCELA SAYUMI ALVES KURIYAMA
Ensino Médio (escola particular)
São Paulo / SP
Treineira de Ciências Humanas / Artes

Caros deputados e deputadas,

O coletivo "Mulheres no Poder" expressa sua insatisfação quanto à invisibilidade feminina presente na política e, por meio deste texto, pretende apresentar um projeto de lei cujo objetivo é combater a marginalização desse grupo. Recentemente, nos deparamos com um conjunto de leis promulgadas, as quais prejudicam nós, mulheres, a exemplo do PL 1904/24, que equipara o aborto a um homicídio, podendo condenar uma menina vítima de estupro a uma pena superior à de seu agressor. Senhores e senhoras, como esta, quantas outras propostas igualmente machistas e naturalizadoras do patriarcalismo são vigentes em nosso país? Constatamos que tamanha injustiça deve-se à composição parlamentar majoritariamente masculina, e, por isso, defende-se a aprovação de um PL que garanta igualdade de gênero no Congresso Nacional.

Há tempos que a sociedade brasileira sente os impactos negativos de um grupo político formado por poucas mulheres. Basta analisarmos os dados do levantamento "Elas no Congresso", de autoria da revista "AzMina", o qual provou que três em cada quatro projetos maléficos às mulheres e aprovados no Congresso são conduzidos por homens. Tal constatação não é, no entanto, nenhuma surpresa, uma vez que a falta de representatividade feminina, expressa no número de cadeiras ocupadas por nós na Câmara – menos de um quinto do total –, impede que expressemos e debatamos nossas chagas, angústias, necessidades e interesses, permitindo que homens – sem nenhum lugar de fala para nos defender – criem projetos de lei como o mencionado anteriormente, mantendo e legitimando, por exemplo, o assédio, a violência doméstica e as cotas de inclusão irrisórias, as quais obrigam os partidos a reservarem 30% das candidaturas para as mulheres, porém, na prática, essas vagas são preenchidas pelas "candidatas laranjas" em vez de nomes efetivos.

Assim, é em razão dessa desigualdade que propomos a paridade de gênero política no nosso país, a fim de garantir que as mulheres possam reivindicar os seus direitos de posse de seus corpos, trabalho bem remunerado, cotas de inclusão em todos os setores e tantas outras pautas que contribuirão para todos os brasileiros, visto que um governo plural e diversificado garantirá o exercício da democracia e impedirá o perigo de uma história única incompleta. Observemos que, no México, o Congresso, já com equidade de gênero, promoveu uma reforma para a participação igualitária feminina nos três poderes e é isso que nosso coletivo almeja para o Brasil. Uma mudança agora, através do PL apresentado, que levará a uma inclusão cada vez maior para que, futuramente, não precisemos falar de representação em um país no qual as mulheres são maioria.

REDAÇÃO 15

MARIA LÍGIA RODRIGUES FEITOSA
Ensino Médio (escola particular)
Cambé / PR
Medicina (Integral) / (1ª opção)

O código eleitoral de 1932 representou um grande passo para a inserção das mulheres na vida pública. O estabelecimento do voto feminino foi uma consequência da luta constante que as mulheres enfrentam diariamente para a obtenção de direitos em uma sociedade que, constantemente, as coloca em posição de inferioridade em relação aos homens. Apesar de ser importante o reconhecimento dos avanços na inclusão das mulheres, a presença de projetos de lei, elaborados por representantes de uma elite política masculina branca, que minam a débil igualdade constitucional conquistada, demonstra a persistência do machismo e do patriarcalismo na atualidade. Essas propostas, além de invisibilizarem a visão feminina sobre questões que dizem respeito a elas, também atrasam a plena inserção da participação das mulheres na sociedade. Dado isso, este projeto de lei visa dar visibilidade a essa importante questão e ressaltar os malefícios causados por essas políticas e pela falta de representatividade feminina nessa Câmara.

Primeiramente é importante destacar a esse plenário que esses projetos de lei apresentam um caráter discriminatório e injusto em relação à população feminina, desconsiderando suas demandas e necessidades. Isso pode ser comprovado por meio da falta de representatividade em locais como a Câmara e o Senado, cenário que minimiza as oportunidades de fala das mulheres. Essa falta de participação se dá, principalmente, devido ao não cumprimento das cotas partidárias obrigatórias, além da falta de incentivo à entrada das mulheres na política, cuja ocorrência está ligada à promoção da imagem feminina como uma pessoa subjugada ao homem e desprovida de capacidade de liderança.

Tais noções são fortalecidas a partir de propostas como o PL 1904, que estabelece uma pena maior a mulheres que cometerem o aborto do que aos estupradores. Ao considerar que o acesso ao aborto, nos casos previstos pela Constituição, já é dificultado e até mesmo negado, a proposta em questão desconsidera as implicações na saúde física e mental das mulheres durante esse processo. Nesse contexto, o PL 1904 é apenas um exemplo de uma série de legislações que continuam colocando as mulheres como cidadãs em uma classificação de "sub-humanidade", termo utilizado pelo filósofo Ailton Krenak para designar aqueles que estão à margem do poder. Assim, essa situação implica um atraso na plena inserção das mulheres na política, prejudicando a construção de políticas públicas. Portanto, é primordial a busca pela igualdade de gênero dentro das instituições públicas, como o Legislativo brasileiro, para a formação de um país mais justo e para que a democracia seja plenamente exercida por todos os cidadãos.

VESTIBULAR UNICAMP 2025

REDAÇÕES DOS CANDIDATOS
PROPOSTA 2

REDAÇÃO 16

GUSTAVO DE OLIVEIRA BARBOSA
Ensino Médio (escola particular)
Itatiba / SP
Engenharia Física / Física / Física Médica e Biomédica /
Matemática Aplicada e Computacional (Integral) / (1ª opção)

Comunicado às famílias sobre vício
em "bets" por parte dos alunos

Prezados pais e responsáveis. É preciso notificar a alta incidência da participação de alunos do Ensino Fundamental em jogos de apostas em plataformas virtuais, durante os intervalos, nos quais há a permissão do uso de celulares. A direção da Escola Municipal de Ensino Básico João Goulart, após uma reflexão com todo o corpo docente, decidiu elaborar este comunicado diante da preocupante imersão das crianças e dos pré-adolescentes, seus filhos, nas infames "bets", meios digitais que oferecem o depósito de dinheiro real em sites suspeitos, responsáveis por organizar esquemas de fraude e de golpe. Nossa escola zela pela integridade de cada um dos matriculados, o que torna crucial alarmar as famílias, que são os entes mais capacitados para prevenir os riscos oferecidos pelas "bets", quanto a essa problemática.

As casas de apostas presenciais são ilegais desde o governo Dutra, diante do risco de destituição irreversível de muitas famílias, decorrente de dívidas de empréstimos insustentáveis para satisfazer o vício nesses jogos, que prometem ilusoriamente a ascensão financeira de modo rápido. As apostas são atividades normalizadas na cultura de nosso país e encontram-se sorrateiramente em nosso cotidiano, antes na forma dos bicheiros e, hoje, na forma dos sites de "bets". Apesar de existirem vigências legais, como a lei das "bets" de 2023, muitas instituições burlam a legislação e disponibilizam seus serviços livremente, oportunizando apostas, de modo expressivo, a jovens, alunos da idade de seus filhos, pois são impulsivos e não têm controle de seus vícios. Esse perfil etário garante o lucro dessas empresas por esconderem de seus pais que participam de apostas e, muitas vezes, usam o dinheiro da família para arcar com as dívidas, ou para aumentar as opostas. Como nossa escola é pública, muitos matriculados detêm baixa renda, sendo os mais vulneráveis. Isso se deve ao fato de que, ao verem os colegas apostando, surge o desejo de adentrar a prática. Muitos familiares aceitam esse tipo de conduta, embora desvie a atenção do potencial educacional escolar, mas, por empatia com outros alunos que podem se prejudicar ainda mais, pedimos gentilmente que supervisionem a atividade virtual de seus filhos e desestimulem a prática.

As "bets", por mais que ofereçam um meio de obtenção financeira atrativo e estimulante, contribuem à construção de uma doença psiquiátrica, muitas vezes irreversível. A título de exemplo, no Maranhão, houve casos de suicídio ligados a apostas. Assim como nessa ocorrência, vários cenários são possíveis aos jovens alunos, como exposição de dados familiares, identitários ou financeiros, perdas expressivas de dinheiro por golpe ou mudança significativa de comportamento na escola e no domicílio, como reclusão por vergonha, surtos de raiva e desespero para obter meios para continuar apostando, por vontade própria ou por estímulo dos colegas. Como responsáveis legais pela formação de nossos alunos, contamos, desde já, com a sua colaboração. A direção do EMEB João Goulart agradece pela compreensão e pela atenção a esse alerta.

REDAÇÃO 17

ISAAC ALEXANDER CUNHA BARBOSA
Ensino Médio (escola particular)
São Paulo / SP
Medicina (Integral) / (1ª opção)

Prezados responsáveis por nossos alunos,

Recentemente, ao andar pelos corredores da escola, percebi que vários estudantes do Ensino Fundamental estavam se juntando para apostarem, por meio do celular, no "Jogo do Tigrinho" – um jogo de azar online. Essa situação despertou a minha preocupação. Por isso, venho, em nome da escola, por intermédio deste comunicado, alertá-los em relação aos perigos das apostas online. Essa situação despertou a minha preocupação. Por isso venho, em nome da escola, por intermédio deste comunicado, alertá-los em relação aos perigos das apostas online.

As plataformas de apostas digitais – também conhecidas como "bets" – se apresentam às crianças e aos adolescentes como um mundo fascinante e maravilhoso, no qual ganhos econômicos astronômicos e imediatos são plenamente possíveis, o que é amplamente divulgado por influenciadores digitais e anúncios chamativos. No entanto, por trás dessa máscara alegre e atraente, esses jogos escondem um lado ameaçador. Por trás de propagandas falsas, eles escondem riscos financeiros imensos atrelados à geração de problemas psíquicos associados às apostas por celular.

Nesse sentido, crianças e pré-adolescentes podem facilmente ser atraídos e cair em um buraco praticamente sem volta. Ou seja, na impulsividade da emoção da aposta, nossos estudantes podem ficar sujeitos a um ciclo sem fim que deixa marcas horrorosas, como a depressão e os distúrbios psicológicos de dependência das apostas, chamados de jogo patológico, na busca incansável por ganhos. Isso nos preocupa porque pode atingir dimensões enormes e impactar a renda e as condições das famílias dos alunos, tendo em vista, por exemplo, apostas envolvendo o dinheiro de algum parente. Além disso, essa tendência se mostra mais elevada em alunos em um contexto de vulnerabilidade econômica maior, o que potencializa a devastação decorrente da busca por ascensão social através das "bets".

Dessa forma, as apostas dificultam o dever da escola de formar pessoas críticas e respeitosas. Isso porque essas plataformas interferem no comportamento dos estudantes na escola, tirando o foco do aprendizado no meio escolar (e promovendo queda no desempenho acadêmico); elas também prejudicam as relações de convívio no espaço escolar, em razão da alienação da realidade ocasionada pelo vício. Não à toa, as brigas entre alunos cresceram muito nos últimos dias e todas foram motivadas por apostas.

Por fim, a escola conta com a contribuição de vocês, responsáveis, para contornar essa situação que ameaça os estudantes. Estamos à disposição e trabalhando para acabar com as apostas na escola.

Atenciosamente, diretora Olívia.

REDAÇÃO 18

MARIA LUIZA DE SOUZA MUNHÓZ
Ensino Médio (escola particular)
Bebedouro / SP
Medicina (Integral) / (1ª opção)

Prezados responsáveis,

Venho, por meio deste, comunicar minha preocupação com o uso alarmante de casas de aposta online – as "bets" – pelas crianças e adolescentes de nossa escola. Durante as últimas semanas, me deparei com um número assombrante de alunos com os olhos vidrados nas telas de seus celulares, esperando pelo resultado de uma aposta. Estes estudantes jogam durante a aula, quando deveriam ouvir o professor; jogam durante o intervalo, quando deveriam conversar com os amigos e socializar; jogam, também, após a aula, quando deveriam estudar e fazer a lição de casa.

No entanto, o efeito no desempenho acadêmico é, ainda, um mal menor. Para seus filhos, as apostas são uma ilusão, um "país das maravilhas": eles são seduzidos pela publicidade agressiva, por falsas promessas proferidas por seus influenciadores preferidos e, acima de tudo, pela possibilidade de ganho financeiro fácil. Todavia, a Rainha de Copas os espera nas sombras, pronta para cortar-lhes a cabeça.

É fato que vivemos em uma sociedade consumista; nossas crianças estão expostas diariamente a vídeos de "unboxing" – nome dado à abertura de compras – no Tik Tok, por exemplo. Quando giram a roleta do jogo do Tigrinho, o fazem na esperança de mudar sua realidade – de ter aquilo que mais desejam, aquilo que parece mais inacessível. Porém, é mais provável acontecer justamente o contrário: a ruína financeira.

É injusto que esses cassinos virtuais se utilizem da desigualdade econômica do nosso país para predar pessoas vulneráveis, mas eles o fazem – e a casa de apostas sempre ganha.

Apostar é extremamente viciante, até mesmo para adultos. Mas é especialmente perigoso para nossos estudantes, que ainda não têm a maturidade necessária para as consequências do jogo – tanto financeiras quanto psicológicas. Me amedronta pensar que algo tão bobo pode levar a sequelas tão graves, como depressão e, até mesmo, o suicídio. É preciso combater esse mal.

Resta à direção da escola, então, contar com a colaboração dos senhores responsáveis para a conscientização dos alunos e a remediação de possíveis danos. A partir de hoje, a escola irá aumentar a supervisão dos discentes e bloquear o acesso a sites de aposta em nossa rede WiFi. Além disso, nosso psicólogo está disponível para atender os alunos nessa fase de adaptação. Porém, lembro que esse trabalho também precisa ser feito em casa se quisermos obter resultados. Agradeço, desde já, a parceria em prol de nossa jovem comunidade. Atenciosamente, Diretoria da EMEF Carolina Maria de Jesus

REDAÇÃO 19

LIVIA BARREIRA PEZZUOL
Ensino Médio (escola particular)
São Paulo / SP
Medicina (Integral) / (1ª opção)

Prezados pais e responsáveis,

Recentemente, eu e outros membros do corpo docente de nossa instituição temos notado, nos alunos do Ensino Fundamental, uma maior dispersão e um envolvimento com o celular mais intenso do que o de costume. Uma observação mais atenta revelou que tal cenário se deve a uma nova atividade virtual de nossas crianças: as apostas esportivas – conhecidas como "bets" – que têm se alastrado pelo país. Nesse contexto, expressamos, como instituição, uma profunda preocupação diante desse novo hábito.

O mundo das "bets" configurou-se como um mecanismo fortemente atrativo: as divulgações das plataformas, veiculadas pelas redes sociais, envolvem celebridades e influenciadores, comumente admirados pelos alunos, ou até mesmo crianças, o que aproxima as apostas do universo infantil. Tais propagandas descrevem os cassinos "online" como jogos divertidos e como maneiras fáceis de enriquecer, o que confere ao ato de apostar uma atmosfera quase mágica, que é reiterada pelo aspecto lúdico das plataformas. Assim, as "bets" atraem pessoas de baixa escolaridade e pouco abastadas, perfil que se aproxima de nossos alunos, cuja formação escolar ainda não é completa e que ainda são financeiramente dependentes de terceiros. Entretanto, essa divulgação positiva esconde malefícios: muitas propagandas são falsas, alegam ganhos que não ocorreram de fato, e as próprias plataformas estão em processo de regulamentação, de modo que várias ainda não foram regulamentadas, o que intensifica os riscos.

Diante desse cenário, notamos inúmeras alterações consideradas pelos docentes danosas, no que tange ao comportamento das crianças na escola. Ao passarem os intervalos apostando, os alunos não desenvolvem suas relações interpessoais, pois não brincam, não conversam e sequer se comunicam virtualmente, posto que o ato de apostar é notavelmente individual. Ademais, tem se intensificado a dispersão durante as aulas, uma vez que, embora não possam utilizar os celulares nesses momentos, os alunos pensam nas apostas que fizeram ou farão, no dinheiro que ganharam ou perderam e, por isso, não se atentam ao que é dito pelo professor. Atribui-se esse comportamento à ideia errônea das crianças de que enriquecerão com as "bets" e que, portanto, não precisam da escola – o que pode prejudicar a relação com os estudos inclusive no contexto extraescolar.

Ademais, ressaltamos que os riscos associados às apostas não se restringem ao ambiente escolar. No Brasil, a consequência imediata mais comum das "bets" é o endividamento, que fomenta um comportamento vicioso de apostar para recuperar o dinheiro perdido; assim, configura-se um quadro patológico de dependência, que tem levado, cada vez mais, à depressão e ao suicídio. Tais malefícios são potencializados nas crianças, uma vez que o desenvolvimento incompleto de seus cérebros torna-as mais impulsivas: elas carecem da malícia necessária para notar os riscos financeiros atrelados às "bets", de modo que há casos de crianças que, ao utilizarem cartões de crédito para apostar sem conhecimento dos pais, causaram quadros sérios de endividamento. Ademais, o fato de as crianças apostarem "escondidas" prejudica suas relações com seus responsáveis, pois causa afastamento e uma quebra de confiança. Tendo em vista tais malefícios, tememos o que esse cenário de vício, culpa e solidão pode fazer com nossos alunos.

Diante desse problema, faz-se de suma importância a colaboração dos docentes e das famílias no tratamento desse novo hábito de apostar. Ressaltamos os danos à sociabilidade, à aprendizagem e à saúde dos alunos, bem como às finanças familiares, e destacamos a necessidade de trabalharmos conjuntamente para proteger as crianças desse vício que assola o país.

REDAÇÃO 20

MARIA VITORIA DE SOUZA SILVA
Ensino Médio (escola particular)
Petrolina / PE
Medicina (Integral) / (1ª opção)

Prezados responsáveis, a Escola Pública Bem Aprender emite este comunicado para informar-lhes sobre uma preocupação crescente entre nossa equipe: o uso de jogos de azar pelos alunos. Tornam-se, infelizmente, cada vez mais frequentes as cenas de apostas coletivas nos intervalos entre as aulas. Esse comportamento, evidentemente, preocupa os docentes e a direção da escola, uma vez que as populares "bets" representam prejuízo para as crianças e adolescentes, principalmente, no âmbito escolar, e podem ser perigosas não apenas para os jovens, mas também para os pais.

Nesse sentido, é dever do conjunto família-escola prevenir as consequências negativas online entre os discentes. Esse novo hábito é fomentado, sobretudo, pelos algoritmos das redes sociais, os quais encontraram nos jovens um público fácil de manipular com propagandas direcionadas. Eles contratam, senhores responsáveis, influenciadores com a mesma idade de seus filhos, baseados nos impulsos de indivíduos ainda em processo de formação (tanto física quando intelectualmente). Certamente, na área educacional, já percebemos os prejuízos na aprendizagem dos alunos: a atenção plena se torna, aos poucos, mais difícil de ser alcançada por eles e desconfiamos que os estudos para as avaliações estão sendo substituídos por mais tempo nos jogos de azar, como mostram os baixos rendimentos.

Da mesma forma, não podemos desconsiderar os riscos financeiros envolvidos nessa prática, principalmente, para vocês, família das crianças. Os jovens, motivados pela ilusão de um ganho fácil, podem recorrer, por exemplo, aos cartões de crédito dos responsáveis – sem autorização – e perder grandes quantias. Mesmo que estejam em uma situação de regulamentação no país, muitos sites de apostas ainda perpetuam sua ilegalidade e os pais devem permanecer sempre atentos. Ademais, os malefícios das "bets" atingem a saúde mental dos adolescentes, os quais se tornam mais suscetíveis a quadros de depressão e, até mesmo, suicídio, em casos de apostas desfavoráveis e contração de dívidas.

Assim, a instrução não apenas da instituição educacional, mas também das famílias se torna urgente para nossos alunos. A conscientização sobre os riscos e os perigos dos incertos jogos de azar deve começar na casa dos pequenos, bem como orientamos que os pais acompanhem as redes sociais e os aplicativos de seus filhos. A infância não pode ser perdida para empresas ilegais, em razão disso nossa escola promoverá, nos intervalos, brincadeiras longe das telas virtuais. Esperamos que medidas semelhantes sejam adotadas por vocês, queridos responsáveis.

Atenciosamente, direção da Escola Pública Bem Aprender.

REDAÇÃO 21

DANIELA ALBUQUERQUE FIORI
Ensino Médio (escola particular)
São Paulo / SP
Treineira de Ciências Biológicas / Saúde

Alagoas, 04 de outubro de 2024.

Prezados pais e responsáveis,

Nas últimas duas semanas, a coordenação do Ensino Fundamental emitiu dez relatórios à diretoria, acerca de alunos(as) que utilizaram os celulares para acessar páginas de loterias virtuais, nas dependências escolares. As chamadas "bets" ganharam a atenção da mídia, e, embora seus malefícios estejam em discussão até mesmo na Câmara dos Deputados, é possível que os senhores não saibam que os impactos desses jogos são especialmente graves para crianças e para pré-adolescentes. Logo, eu, enquanto dirigente dessa instituição pública, vejo-me no papel de conscientizá-los.

Em primeiro lugar, é essencial destacar que o hábito de apostar em brincadeiras de azar pode progredir rapidamente para um quadro de dependência, o qual se configura como uma doença, reconhecida pelo Ministério da Saúde com o CID-10. No âmbito escolar, esse transtorno é particularmente prejudicial, uma vez que a seção do cérebro responsável pela prudência na tomada de decisões ainda não foi plenamente desenvolvida. Subsequentemente, os estudantes afetados pelo ímpeto patológico de jogar não são capazes de manter relações saudáveis com docentes e com colegas, visto que o vício contraído na juventude é mais profundamente enraizado e, a longo prazo, pode implicar lacunas na aprendizagem e comportamento antissocial.

Em adição, é válido ressaltar que a associação quase simbiótica entre os pequenos e os aparatos eletrônicos acarreta em uma exposição frequente aos perfis de influenciadores digitais, os quais atuam como modelos a que seus seguidores aspiram. Em nosso estado, por exemplo, foram presas duas celebridades que divulgavam supostos "ganhos" com o "Jogo do Tigrinho", e que convenciam o público, majoritariamente infantojuvenil, de que o investimento nessas plataformas seria uma alternativa para o lucro fácil. Diante disso, os senhores devem supervisionar o conteúdo que seus filhos consomem na internet, pois corre-se o risco de que eles, deslumbrados pela ilusão da riqueza e do lucro, deixem de seguir as orientações dos responsáveis e aspirem a um estilo de vida irreal.

Encerro meu comunicado pedindo aos senhores a sua colaboração. Os profissionais do colégio estão dispostos a dialogar com as famílias, para que haja cooperação entre os círculos escolar e domiciliar. Zelaremos incessantemente pelo bem-estar de nossos alunos, e não permitiremos que as "bets" os desestabilizem física ou psicologicamente.

Diretor da Escola Municipal Alagoana

REDAÇÃO 22

LENCY DELAN SHEN
Ensino Médio (escola particular)
São Paulo / SP
Engenharia de Produção (Integral) / (1ª opção)

De: Diretoria Escolar do Colégio Municipal de São Paulo
Para: Responsáveis dos alunos do Ensino Fundamental
Prezados responsáveis,
Após o lamentável ocorrido de ontem, decidi enviar-lhes este comunicado, tanto como diretora quanto como mãe de duas filhas. Em esclarecimento, a briga entre dois colegas de sala do 5º B que resultou na agressão física de um dos alunos na aula de ciências foi consequência de uma aposta online diante do jogo de futebol entre Palmeiras e Botafogo. Cada aluno apostou em um time; posteriormente, ao se encontrarem em sala depois do jogo, o colega vencedor começou a irritar e rir do outro, que havia perdido cerca de trezentos reais (dinheiro pego sem consentimento dos pais). Em consequência das incontáveis provocações, o garoto deu um soco no outro. Dito isso, venho, na verdade, expressar minha profunda preocupação em relação ao motivo do desentendimento. Não é de hoje que eu vejo um crescente volume de alunos, principalmente do Ensino Fundamental, apostando e utilizando o celular na sala de aula durante minhas vistorias nos corredores e em salas.

Devo admitir aos senhores que mesmo com a proibição do uso de eletrônicos em ambiente escolar a sua utilização ainda está presente. Porém, antes eram joguinhos interativos que ocupavam as telas e hoje esses minigames foram substituídos por aplicativos de "bets", plataformas de aposta online como o "Tigrinho" e o "Bet360". A proibição do acesso a esses sites para menores não impede eles de inventarem suas idades. Junto ao crescimento de seu uso, casos de briga, de discussão, de desatenção aumentaram. Tive uma reunião com nossos educadores; todos afirmaram uma hiperatividade, agressividade, ansiedade e impulsividade diante da exposição a esses jogos de azar, que são vendidos por diversos influenciadores como métodos fáceis de conseguir dinheiro.

As propagandas vendem e comercializam esse sonho de ficar rico jovem. O Marketing Existencial dissemina demagogias para manipular e enganar esse público mais suscetível a esse fascínio e à sedutora tentação de "ganhar" a vida logo cedo. O influenciador JonVlogs, ídolo de vários alunos desta escola, "venceu" na vida ao propagar essas casas de aposta ao vender a sua história de como enriqueceu com "bets". Ao comercializarem este sonho sem nenhuma regulação ou controle sobre a sua prática, as "bets" arrancam as crianças do meio acadêmico e lançam-nas em um ambiente misterioso e perigoso; por se tratar de indivíduos com baixa escolaridade (na nossa escola, em sua maioria, de baixa renda), eles são um alvo vulnerável.

E, ao comprarem essa demagogia e colocarem toda a sua expectativa em um evento incerto, esses jovens correm o risco de entrar em um círculo vicioso de promessas. Ao não se realizarem, entram em pânico e desespero e, em casos mais extremos, caem em depressão e cometem suicídio, especialmente por se tratar de decisões que envolvem risco financeiro.

Portanto, espero ter alertado os riscos, os perigos e as consequências. Obrigada pela atenção.

REDAÇÃO 23

EDUARDO STABACH SALUSTIANO
Ensino Médio (escola particular)
Curitiba / PR
Ciências Econômicas (Integral) / (1ª opção)

Queridas famílias, o tigrinho chegou na nossa escola. Já é comum vermos, quando circulamos pelos corredores, alunos em sites de casas de aposta. Até mesmo os intervalos entre as aulas – tempo imprescindível de socialização – são, segundo relatos de professores, trocados, pelos estudantes, em favor dos jogos de azar. Isso é preocupante, uma vez que crianças e adolescentes apresentam, biologicamente, uma maior impulsividade: o córtex pré-frontal dessa faixa etária, região cerebral responsável pelo pensamento a longo prazo, ainda não está completamente desenvolvido. Assim, os pequenos podem ser facilmente explorados por um algoritmo que propaga vídeos de seus influenciadores favoritos, como o youtuber Felipe Neto, apostando nas bets com sucesso – vitória essa artificial. Precisamos, portanto, enquanto união escola-família, tirar nossas Alices do país das bets – mundo dos hiperestímulos –, para que elas voltem ao país das maravilhas – a infância que deve ser vivida.

Devemos lembrá-los, caros responsáveis, que tal hábito de apostar em jogos de azar prejudica o comportamento dos alunos na instituição de ensino. Primeiro, porque fazem isso, em certos casos, durante o horário em que iriam realizar suas tarefas escolares. Segundo, pois, após perderem o dinheiro apostado, ficam, frequentemente, ansiosos e até depressivos. Como podemos esperar que nossos filhos sejam alunos modelos – estudiosos, pensativos e comportados – se suas saúdes mentais estão deterioradas? Essas apostas, reiteramos, não são casos isolados, mas uma epidemia. Uma pesquisa publicada no jornal Poder 360 mostra que quase um terço dos estudantes do ensino fundamental joga nas bets. É fundamental proteger nossas crianças desse cenário.

Esse novo hábito, também, pais e responsáveis, submete os pequenos a outros graves perigos fora do ambiente escolar. A forte promessa de ganhos fáceis – em conjunto com animações, nos aplicativos das bets, que criam uma falsa ilusão de que, na próxima aposta, o jogador sairá vitorioso – induz as crianças a buscarem, sempre, sensações sedutoras para seus cérebros. Parece natural, então, nesse contexto, os nossos filhos procurarem cada vez mais dopamina, normalmente, em situações que ameacem suas saúdes – usando drogas, por exemplo.

Dessa forma, salientamos que é de extrema importância que vocês, senhores responsáveis, conversem com os seus pequenos sobre as bets. Com isso eles serão melhores alunos e estarão mais protegidos das empresas que, mesmo não podendo, segundo a Lei 14790/23, permitir o uso de seus aplicativos pelos menores de idade, assim não o fazem, tendo em vista que, para elas, quanto maior o número de clientes, mais lucrarão.

REDAÇÃO 24

JULIA COLPANI PEREIRA
Ensino Médio (escola particular)
São José dos Campos / SP
Medicina (Integral) / (1ª opção)

Comunicado sobre apostas em jogos de azar

Caros pais e responsáveis, como diretor da Escola Estadual Guimarães Rosa, venho expressar minha preocupação acerca do crescimento das apostas em jogos de azar entre os alunos do Ensino Fundamental. Durante os intervalos, é nítida a mudança de hábito entre eles. Antigamente, o recreio era um momento de diversão e de conversas entre colegas e, hoje, é um momento de tensão para que descubram se ganharam ou se perderam dinheiro nesses aplicativos de "bets". Nesse cenário preocupante, gostaria de explicar como esses jogos podem prejudicar o comportamento de nossos pequenos na escola.

Primeiramente, devido à baixa idade dos alunos, a sua capacidade de controle sobre as tentadoras promessas de ganhos rápidos e fáceis das "bets" ainda está em construção, o que os torna ainda mais sujeitos a atividades impulsivas e imaturas de pegar dinheiro escondido e de arriscar um retorno financeiro incerto nos jogos. Assim, a escola se torna o ambiente ideal para efetivação das apostas, já que as crianças estão longe do controle familiar, além de ser o local de disseminação da ideia entre colegas que, atraídos pela possibilidade de ganho, também começam a apostar. Ademais, quando o dinheiro é perdido, o psicológico dos estudantes é afetado, podendo desencadear quadros de depressão ou até mesmo de suicídio pelas dívidas contraídas. Com isso, para além da socialização prejudicada, dada a mudança de foco de diversão para atração virtual, o comportamento de seus filhos é alterado para um conduzido por vínculo vicioso de apostas catastróficas, que podem culminar num cenário de doenças mentais, tornando o ambiente escolar inseguro.

Por fim, gostaria de os alertar sobre os principais perigos aos quais seus filhos podem estar sujeitos ao se envolverem com as "bets". O primeiro perigo é o do fascínio, sentimento de curiosidade acerca de um mundo desconhecido, o qual, apesar de parecer maravilhoso, é perigoso, justamente pela instabilidade que carrega, onde algoritmos instigam as apostas e determinam se o jogador ganha ou se perde dinheiro. Outro perigo é o da ilegalidade, uma vez que crianças e adolescentes são proibidos, por lei, de jogar esses jogos, porém, incentivados por influenciadores digitais, burlam o regulamento e são expostos a um grande risco financeiro. Por último, o perigo final é o da esperança, dado que as crianças que mais apostam são as de famílias de baixa renda, buscando uma maneira de superação das dificuldades e de ascensão social, algo que, além de não acontecer, ainda piora o cenário de pobreza.

Logo, pais, espero que com tais análises os senhores tenham entendido as motivações de minha preocupação e que me auxiliem no combate às "bets" em casa. Desde já, obrigado!

REDAÇÃO 25

DANIEL SUDA HATUSHIKANO
Ensino Médio (escola particular)
Indaiatuba / SP
Treineiro de Ciências Exatas / Tecnológicas

Senhores pais e responsáveis,
Como diretor da escola e igualmente responsável pela educação dos alunos, venho, por este comunicado, alertar para um novo hábito preocupante entre o Ensino Fundamental. Notei que, durante o período do intervalo, muitas das crianças e pré-adolescentes estão acessando e utilizando casas de apostas virtuais através de seus celulares pessoais. Assim, visando à convivência entre os estudantes, bem como ao desenvolvimento intelectual e intrapessoal de cada um deles, pedimos que os senhores conversem sobre a prática com os alunos, pois tais plataformas comprometem o ambiente escolar.

Primeiramente, é essencial observar que as "bets", como são popularmente conhecidas essas plataformas, assim como os jogos de azar e os caça-níqueis, funcionam através de um mecanismo baseado no estímulo e na recompensa, de modo que fixam a atenção de seus usuários em um prêmio altamente improvável, mas que parece conquistável. Especialmente aos alunos nessa faixa etária, a exposição a tantos estímulos é extremamente nociva, já que, sem o desenvolvimento pleno da capacidade de autocontrole, eles ficam facilmente sujeitos ao vício nas apostas. Dessa forma, os estudantes perderão a vontade do estudo e o foco dentro das salas de aula, uma vez que irão, a todo momento, procurar uma fonte de estímulo como o que encontram quando estão almejando prêmios nas "bets".

A longo prazo, o vício, classificado como doença no Brasil, afetará o controle da atenção da criança em qualquer atividade e ambiente, de modo a afetar também suas relações com colegas e familiares. A partir de então, distante da realidade e preso nas recompensas rápidas que ganha nas "bets", o aluno estará propenso a ser agressivo com os demais que tentarem resgatá--lo do vício e consigo mesmo. Além disso, com o intuito do ganho sobre os seus usuários, o lucro das "bets" é obtido através de uma perda financeira dos apostadores. Para a mente imatura e já degradada de uma criança, essa perda pode ser devastadora à sua saúde psicológica, levando, em casos graves, ao suicídio. Nesse sentido, essa prática compromete todas as esferas da vida de nossos alunos, sem conferir nenhum benefício real em troca.

Então, caros senhores responsáveis, peço que, para convencer nossas crianças e pré-adolescentes de que as apostas "online" não devem ser praticadas mesmo fora da escola, ou seja, nunca e em nenhum local, discutam com eles os perigos apontados acima, que comprometem tanto o desempenho acadêmico deles como o pessoal. Além disso, chamo a atenção para a associação próxima das casas de apostas "online" com as redes sociais, já que é através delas que muitos dos alunos tomam conhecimento das plataformas e são convencidos por influenciadores pagos pelas "bets" a utilizá-las. Verifiquem, portanto, as redes sociais dos estudantes também.

Atenciosamente, Direção da Escola.

REDAÇÃO 26

ANA CECÍLIA IORIATTI GUIZZO
Ensino Médio (escola particular)
Serra Negra / SP
Letras – Licenciatura (Integral) / (1ª opção)

Comunicado aos pais e responsáveis

A instituição Colégio X gostaria de expressar sua preocupação acerca do crescente vício das crianças e adolescentes em "bets" (plataforma de aposta online). Classificado como doença pelo Código Internacional das Doenças (CID 10), o vício em jogos de azar está cada vez mais presente na população infantojuvenil, inclusive nos alunos do Colégio X.

Por conta disso, é de suma importância explicar aos responsáveis de quais formas esse péssimo hábito prejudica o comportamento dos alunos. Em primeiro lugar, os jovens estão mais imediatistas do que nunca, pois tais plataformas apresentam-se como fuga rápida da difícil realidade na qual os alunos se inserem: estudantes de escola pública e vindos de famílias de baixa renda. As "bets" lhes prometem dinheiro rápido e sem esforço: existe algo mais sedutor? Além disso, os estudantes demonstram menos ânimo para estudar. Os influenciadores digitais divulgadores de "bets" costumam dizer que elas são um meio de ascensão social menos desgastante do que os estudos (enquanto eles mesmos costumam possuir diplomas de ensino superior). Tal cenário dificulta muito o trabalho dos professores em despertar o interesse dos jovens.

Ademais, adolescentes e infantes estão correndo diversos riscos ao apostarem online, começando pelo fato de que eles ainda não controlam bem seus impulsos e não sabem a hora de parar, o que pode levar a grandes dívidas financeiras – acompanhadas de stress e outros fatores psíquicos prejudiciais à saúde mental – até ao roubo de membros da família para a aquisição de mais dinheiro para apostar. Fora isso, a atmosfera colorida, vívida e lúdica das plataformas cria um ambiente "gamificado", aparentemente desconexo da vida real, o que pode gerar uma falsa sensação de que o dinheiro gasto é fictício e não trará consequências ao cotidiano.

Felizmente, o governo está empenhado na regulamentação de tal atividade. Porém, enquanto a fiscalização ainda é ineficiente, é necessário o desenvolvimento de uma ação conjunta das famílias e do colégio público X para mitigar esse grave problema. Caso os senhores responsáveis desejem dar sugestões ou tirar dúvidas, a escola está à disposição.

Cordialmente, a direção.

REDAÇÃO 27

ISABELA VEDOATO LETT
Ensino Médio (escola particular)
Campinas / SP
Treineira de Ciências Biológicas / Saúde

Prezados responsáveis,

Atualmente como os senhores devem estar acompanhando nas redes sociais, vivemos a popularização das redes de apostas on-line. Estima-se que mais de um quinto da população brasileira (24%) envolva-se com essa atividade. Nesse contexto, imagens afáveis – tigrinhos, moedas de ouro e propagandas com influenciadores e famosos – e a "hipnotizante" promessa de lucro fácil têm atraído não só adultos, mas também crianças e pré-adolescentes, para o universo das "bets". Como diretora, representando a escola, afirmo que o nosso colégio, em aderência à Legislatura brasileira, condena o uso de jogos de azar por menores de idade e manifesta as preocupações da nossa instituição em relação aos membros de nossa comunidade escolar, frente à disseminação desse hábito, haja vista os prejuízos desse comportamento para a vida escolar e particular de estudantes.

Primeiramente, ressalvo que as apostas em jogos de azar prejudicam o aproveitamento das aulas e a vida social dos alunos. A impulsividade e a imaturidade financeira, típicas desse grupo etário, além de contribuírem para o risco de perda monetária, resultam na preocupação e na ansiedade quanto aos resultados dos investimentos, comprometendo o foco durante as aulas. Concomitantemente, esses sentimentos explosivos ameaçam a convivência harmônica com os colegas. Assim, essa prática caracteriza-se como um fator externo de estresse e ruptura com a vida cotidiana.

Por esse mesmo motivo, o vício das crianças e pré-adolescentes envolvidos em "bets" ameaça também seu bem-estar mental. De fato, essa relação com apostas é classificada como doença pela Classificação Internacional de Doenças (CID-10). Há mais: segundo Ivelise Fortim, professora de psicologia e de tecnologia em jogos digitais da PUC-SP, para essa faixa etária, tal comportamento pode acarretar a depressão e o suicídio. Este hábito é um risco para a vida de nossos alunos tanto quanto para o convívio escolar.

Senhores, como podem ver, trata-se de um tema seriíssimo: tão grave e tão prejudicial à vida, que vimos, recentemente, exemplos no Brasil de pessoas cujo cotidiano foi ameaçado por essa prática. Uma enfermeira, no interior de São Paulo, largou tudo depois de dívidas no "Jogo do Tigrinho", e investigações policiais sobre casos de suicídio associado a tal vício continuam. Apostas on-line não são apenas um crime para menores de idade, como também um risco à saúde e à convivência dos estudantes mediante estresse e dívidas.

Reforço, novamente, aos senhores responsáveis, o aspecto nocivo e patológico das "bets" para os nossos alunos. Mais do que uma "brincadeira" e "dinheiro rápido", esse hábito prejudica o aprendizado e o convívio escolar, bem como a saúde mental do indivíduo, e, logo, é um perigo para nossa comunidade.

Atenciosamente,
Diretora

REDAÇÃO 28

JUAN DA SILVA MOREIRA
Ensino Médio (escola particular)
Mogi Guaçu / SP
Treineiro de Ciências Exatas / Tecnológicas

Caros pais, responsáveis e demais membros da comunidade escolar,

É com muita preocupação que venho, por meio deste comunicado, informar-lhes acerca de um problema que vem acontecendo na nossa escola. Tenho notado, ao transitar pelos corredores, que alunos do Ensino Fundamental andam usando os seus celulares para acessar "cassinos online" e realizar apostas durante os intervalos das aulas. Desse modo, como diretor e representante desta instituição escolar, me vejo no dever de alertá-los e conscientizá-los sobre as ações de suas crianças e adolescentes.

Suponho que seja de conhecimento geral que o vício em apostas é um problema de saúde real, o qual se alastra pela nossa sociedade há muito tempo. De fato, os cassinos físicos são proibidos no Brasil, porém os virtuais estão longe de se esconderem na clandestinidade: as apostas (famosas "bets") estão, inclusive, em processo de regulamentação no país. Por mais polêmica que seja, essa regulamentação é clara em proibir o acesso de menores de idade a plataformas e meios de apostas, visto que a falta de maturidade psicológica e emocional os torna mais suscetíveis ao vício e suas consequências, como demonstram estudos científicos sobre o tema. Dentre as principais consequências, se destacam a depressão e outros transtornos similares; logo, além de danoso ao desempenho escolar por conta da distração e da falta de interesse nas aulas (afinal, jogar e apostar com a promessa de ganhar dinheiro é muito mais atrativo para as crianças e adolescentes), esse também é um problema de saúde pública. Portanto, lhes sugiro que reflitam e atuem para evitar que os alunos da nossa escola sucumbam a esse vício. Sendo diretor de uma escola pública, tenho consciência de que o perfil social das famílias que atendemos é muitas vezes marcado pelo desfavorecimento econômico e pela falta de acesso à educação básica. Por isso, minhas preocupações se agravam, pois esse perfil é mais afetado que a média da população no quesito das apostas, o que se deve, principalmente, em razão da ilusão do "dinheiro fácil" e da "renda extra" vendida pelos "influencers" divulgadores desses cassinos. Dessa forma, peço que as famílias se conscientizem para que, em seguida, possamos conscientizar nossas crianças e adolescentes desde a casa até a escola. Por fim, desde já, agradeço pela atenção, compreensão e colaboração.

REDAÇÃO 29

EDUARDA MALTA PACIOS
Ensino Médio (escola particular)
São Paulo / SP
Medicina (Integral) / (1ª opção)

Prezados pais e responsáveis,

A Escola Futuro deseja alertá-los, com urgência, sobre o novo hábito perigoso de apostar dinheiro em jogos de azar realizado por alguns de nossos alunos. Essa prática nociva não se instaurou por acaso: na era digital atual, crianças e adolescentes estão inseridos no contexto das redes sociais, onde há inúmeros estímulos convidativos ao "mundo das bets". Assim, apropriando-se dos algoritmos das mídias e de influenciadores jovens, os sites de apostas atraem especialmente os mais novos por meio de uma formatação que lhes parece um simples jogo online de sua faixa etária – como a utilização de animais humanizados, o "tigrinho" por exemplo, e moedas de ouro comuns em "games" infantojuvenis –, mas são, na verdade, partidas sérias que envolvem dinheiro e responsabilidade.

Como instituição escolar, nossa preocupação está no impacto da prática das apostas no comportamento dos estudantes na escola. Pelo que observamos nos intervalos entre as aulas, os alunos de Ensino Fundamental são os que mais têm realizado partidas, e isso é alarmante, porque o ato de jogar isola essas crianças – absortas no jogo deixam de sociabilizar – além de distraí-las dos estudos; inclusive da atenção aos docentes. Afirma-se isso, pois os mais jovens ainda não desenvolveram o autocontrole e, dessa forma, são mais suscetíveis ao vício:

apegam-se às apostas em detrimento da educação e da sociabilidade.

Contudo, mais do que a condição educacional, queremos garantir um futuro digno aos nossos estudantes – como defendemos em nosso próprio nome –, e, para tal, é necessário expor os perigos das bets para os jovens. Dessa maneira, cabe o alerta quanto ao gasto financeiro irresponsável nos jogos, o qual muitos realizam sem que os responsáveis saibam e que, principalmente, pode ocorrer entre as famílias mais pobres nas quais há busca por um auxílio econômico. E essa condição de perda excessiva – associada ao vício mencionado – gera a infeliz possibilidade de depressão e suicídio entre os estudantes, visto que os jogos prometem um "País das Maravilhas": um ambiente ilusório de lucro, mas que logo se torna viciante e gerador de massivas perdas financeiras, as quais afligem os jogadores. Esses perigos – financeiros e, essencialmente, na saúde – são tão graves que as bets têm estado em processo de regulamentação no Brasil para que suas mazelas sejam limitadas.

Portanto, a partir da situação apresentada, esperamos medidas dos responsáveis.

Agradecemos a atenção, Diretoria da Escola do Futuro.

REDAÇÃO 30

PEDRO HENRIQUE COUTINHO DE ASSIS
Ensino Médio (escola particular)
Paulínia / SP
Medicina (Integral) / (1ª opção)

Prezados pais e responsáveis, como diretor, venho, em nome da Escola Municipal de Vargem Grande, comunicar a grande preocupação da instituição com o alarmante crescimento do número de alunos jogadores de sites de aposta chamados "bets", com o fito de informá-los sobre os prejuízos que são causados à qualidade de aprendizagem dos alunos, à sua saúde mental e outras consequências inerentes ao uso de tais plataformas de aposta.

Tenho consciência de que muitos dos responsáveis pelos alunos de nossa escola participam de diversos tipos de aposta como a loteria. Por este motivo, gostaria de ressaltar ainda mais os perigos das apostas e como a atitude dos mais velhos influencia nas ações dos adolescentes e pré-adolescentes. As "bets", do inglês, "apostas", designam qualquer tipo de aposta em um desfecho incerto, como o resultado de um jogo de futebol ou os números premiados da loteria. Elas têm se difundido no Brasil, especialmente entre os jovens, devido às propagandas nas quais influenciadores famosos e jogadores de futebol prometem enriquecimento fácil e rápido, além de diversão para os seus apostadores. Aos olhos de muitos, em especial aos olhos imaturos dos pré-adolescentes e adolescentes, esta parece ser uma excelente oportunidade de ganhar muito dinheiro. Por outro lado, nada se fala, nas propagandas, sobre as pessoas que perdem muito dinheiro por se viciarem e não aceitarem parar de apostar até que ganhem tudo aquilo que perderam. Em alguns casos, crianças pegam os cartões de seus pais e colocam fundos nestes sites sem que eles saibam; já em outros, devido à maior impulsividade, jogadores frustrados com seus resultados se suicidam. Sendo assim, a escola alerta para que os responsáveis se atentem para o tipo de conteúdo assistido em casa, além de recomendar conversas que visam à conscientização dos alunos.

Na escola, essa realidade viciosa se firma no passo em que muitos alunos jogam incessantemente nas "bets" em seus celulares ou nos computadores escolares. Percebe-se que, com o aumento no uso de aparelhos eletrônicos em sala, houve aumento proporcional no número de notas abaixo da média, o que indica uma relação entre os sites de aposta e a queda do desempenho escolar. Além disso houve casos de alunos que foram dirigidos à orientação pedagógica e tiveram seus pais convocados por apresentarem vícios incontroláveis, que os levaram a utilizar seu dinheiro das refeições para jogar nas "bets". Felizmente, graças à ação pedagógica de nossa escola e à tutela dos senhores pais e responsáveis, não houve casos de suicídio ou de fugas de casa entre nossos alunos; e zelamos para que a situação permaneça assim. Em caso de dúvidas, acesse o site da escola que segue abaixo.

Atenciosamente, Marcos Antônio de Andrade.

PARTE II
VESTIBULAR INDÍGENA UNIFICADO 2025

VESTIBULAR INDÍGENA UNIFICADO 2025

INTRODUÇÃO

A PROVA DE REDAÇÃO NO VESTIBULAR INDÍGENA UNIFICADO 2025: CULTURA ALIMENTAR E JUSTIÇA CLIMÁTICA EM PAUTA

Luciana Amgarten Quitzau
Guilherme Jotto Kawachi
Anderson Carnin

No final de 2018, a Unicamp realizou a primeira edição do seu Vestibular Indígena (VI), que selecionou os/as alunos/as ingressantes para o ano letivo de 2019. Esse novo processo foi criado com o objetivo de fortalecer a inclusão social e a diversidade étnico-cultural na Universidade, garantindo, para uma parcela da população indígena brasileira, o ingresso em uma das mais importantes instituições de ensino superior do país. Ao criar um programa de entrada específico para esse grupo social, a Unicamp teve como objetivo promover a equidade de acesso, já que diferenças na formação escolar e barreiras socioeconômicas geralmente se constituem como impeditivos para que estudantes indígenas concorram a vagas em vestibulares tradicionais. Além disso, a Unicamp também buscou valorizar a diversidade, crucial para o enriquecimento do ambiente acadêmico e para a pluralidade de saberes que circulam em seus espaços formativos.

Entre as edições de 2019 e 2025, o projeto se consolidou e ampliou o número de vagas ofertadas. Se, na primeira edição, a Unicamp ofereceu 72 vagas distribuídas em diversos cursos de graduação, na última, foram 130. A partir do Vestibular Indígena 2022, o exame também passou a selecionar ingressantes para a Universidade Federal de São Carlos (UFSCar), que disponibiliza atualmente 65 vagas de graduação para candidatos/as indígenas. Tornou-se, portanto, um Vestibular Indígena Unificado.

A prova do Vestibular Indígena Unificado, atualmente aplicada nas cidades de Campinas (SP), Recife (PE), Santarém (PA), São Gabriel da Cachoeira (AM) e Tabatinga (AM), é formada por 50 questões de múltipla escolha e uma redação. Assim como acontece no vestibular regular, os/as candidatos/as escolhem uma entre duas propostas oferecidas. Essas propostas solicitam a produção de gêneros distintos e apresentam situações de produção e propostas temáticas diferentes. Cada uma delas é acompanhada por um conjunto de textos, também de gêneros variados, que devem ser mobilizados pelos/as candidatos/as na construção de seu projeto de escrita.

As propostas de redação que integraram a prova do Vestibular Indígena Unificado 2025 demandaram, como já é tradição nas provas da Unicamp, um posicionamento agentivo dos/as candidatos/as. Nesse sentido, mesmo orientadas por práticas, temáticas e gêneros distintos, as duas propostas de redação avaliavam igualmente as capacidades de leitura e de escrita dos/as vestibulandos/as, assim como a consistência na apresentação de elementos (linguísticos, textuais e discursivos) que oferecessem suporte ao(s) seu(s) posicionamento(s) diante das temáticas em foco: (*i*) a importância da *valorização da cultura alimentar indígena*, especialmente quando são consideradas questões ligadas à alimentação em cenários escolares, e a potencial naturalização do consumo de ultraprocessados nesse contexto; e (*ii*) a reflexão sobre a questão da *justiça climática*, especialmente em um ano em que ficou muito saliente a desigualdade com que fenômenos climáticos extremos tratam camadas mais vulneráveis da população brasileira.

Ao definir "depoimento pessoal" e "carta aberta" como os gêneros das redações no Vestibular Indígena Unificado de 2025, respectivamente para materialização dos temas (*i*) e (*ii*) em textos, a banca elaboradora manteve, a exemplo de anos anteriores, a premissa de diversificar os contextos em que os/as estudantes podem, de acordo com o planejamento de seus textos, defender seu posicionamento sobre questões de ordem social, política, cultural (entre outras); dialogar com interlocutores específicos; denunciar problemas de naturezas diversas ligados às temáticas abordadas e convocar os/as leitores/as de seus textos para a ação; recorrer a experiências individuais para contextualizar problemas coletivos, entre muitas outras ações possíveis no escopo da situação de interlocução projetada, da temática e dos gêneros selecionados em cada uma das propostas de redação.

Torna-se evidente, portanto, que desde a concepção das propostas temáticas até a correção das redações, as bancas (elaboradora e corretora) valorizam a diversidade cultural, linguística e, especialmente, as formas de agir discursivamente por meio da linguagem em sua modalidade escrita. Tal perspectiva fica ainda mais nítida quando observamos as redações que se destacaram no conjunto de textos produzidos no Vestibular Indígena Unificado de 2025, como ilustraremos mais adiante. Os/as autores/as dos textos incluídos neste livro seguiram caminhos particulares, distintos, mas apresentaram escolhas lexicais, sintáticas, semânticas, textuais e discursivas que demonstram terem compreendido, com muita sensibilidade, as tarefas indicadas no enunciado da proposta que escolheram para realizar a prova de redação. Isso significa que, mais do que seguir uma suposta fórmula para uma redação ideal ou decorar repertórios genéricos, é importante, no contexto do Vestibular Unicamp, compreender a situação de comunicação tematizada, os papéis sociais e o propósito da interlocução desenhados, orientar-se pelo gênero da proposta selecionada, fazer boa leitura dos textos da coletânea e buscar realizar da melhor forma possível as ações sugeridas não apenas para obter satisfatório desempenho no exame, mas para a interação projetada para o uso da leitura e da escrita como práticas sociais, capacidade essencial para um/a futuro/a aluno/a de ensino superior. Igualmente importante é seguir convenções da escrita que permitam ao/à avaliador/a não apenas compreender o projeto de texto e sua materialização em uma redação no exame de vestibular, mas também evidenciar que o/a candidato/a domina recursos de uso da linguagem verbal adequados ao manejo do registro linguístico formal, como é amplamente desejável para futuros/as alunos/as da Unicamp.

Vale pontuar, também, que a banca elaboradora/corretora reconhece que aspectos interculturais múltiplos permeiam as experiências dos/as candidatos/as indígenas e são uma riqueza que pode ser reconhecida em sua escrita antes mesmo de seu ingresso na Unicamp. Quando pertinente, recorrer a esse repertório cultural pode ser um traço positivo, mas não definidor ou limitante, do que se espera encontrar nas redações de candidatos/as que passam pelo Vestibular Indígena Unificado. Em outras palavras, a menção às suas práticas culturais, quando pertinentes para o desenvolvimento da proposta de redação, é valorizada na avaliação e pode contribuir para a construção de um texto ao mesmo tempo posicionado em relação à perspectiva e ao olhar singular de uma pessoa indígena; provocador, ao colocar em cena um repertório não idealizado para uma prova de redação excessivamente padronizada e que procura traços comuns em todo e qualquer texto, na escrita de todo/a e qualquer aluno/a; e, por que não, poético, e, por isso mesmo, singular e adequado à interlocução projetada em cada proposta de redação, como alguns selecionados para este livro nos permitem ver.

Para obter um bom desempenho na prova de Redação do Vestibular Unificado não há segredos: o/a candidato/a deve seguir criteriosamente as instruções apresentadas no enunciado, o qual definirá quem é o/a enunciador/a do texto e a partir de que perspectiva se posiciona, a quem o seu discurso deve se dirigir, o que motiva a produção desse texto, que efeito ele precisa causar em seu público-alvo e em qual contexto circulará. Essas informações são imprescindíveis para que o/a candidato/a avalie, por exemplo, qual será o nível de formalidade da sua escrita e que estratégias linguísticas serão mais eficientes para que o texto cumpra o propósito de escrita definido pelo enunciado. É importante esclarecer que, para atingir plenamente os objetivos da prova, o/a candidato/a não precisa ter produzido anteriormente o gênero solicitado na proposta que escolheu ou saber de antemão quais seriam as principais características constituidoras desse gênero (até porque os gêneros variam conforme os/as interlocutores/as envolvidos/as na interação, o suporte que os veicula e o contexto que envolve sua produção). Basta ao/à candidato/a seguir as instruções, que ele/a será conduzido/a a produzir o gênero especificado.

Tão importante quanto atender aos comandos do enunciado é usar as informações fornecidas pela coletânea nesse processo. Dessa forma, o conjunto de textos que compõem a proposta não deve ser assumido apenas como motivação para a escrita ou como facilitador para a compreensão do recorte temático proposto. Embora ele também possa "motivar" e "facilitar a compreensão", sua principal função é fornecer subsídios que permitam avaliar diferentes habilidades de leitura do/a candidato/a, como a capacidade de inferir, analisar, criticar, contra-argumentar, contrapor, estabelecer relações, entre outras. Dessa forma, quando lê a coletânea, o/a candidato/a já sabe quais objetivos o seu texto deve atingir, qual é o seu propósito de escrita, e precisa, necessariamente, pautar-se na leitura dos textos oferecidos para cumprir os itens "a", "b" e "c" da proposta escolhida. Não se espera, contudo, que ele/a faça uso de todos os elementos apresentados, pois saber selecionar informações a partir de uma estratégia pessoal e única de desenvolvimento do texto também é uma habilidade de leitura avaliada. O importante é que o/a candidato/a demonstre competência em dialogar com outros discursos, já que é isso o que ocorre também em situações reais de interação: nós, falantes de uma língua, nunca expressamos um discurso absolutamente inédito; dialogamos sempre com outros sujeitos e, portanto, outros discursos quando nos posicionamos a respeito de uma questão, analisamos um fenômeno ou relatamos uma situação vivida, por exemplo.

As propostas de redação do VI2025

A temática da **Proposta 1** estava diretamente relacionada com a valoração das culturas dos povos originários. Os/as candidatos/as deveriam discutir, por meio de um depoimento pessoal, sobre a relação entre alimentação saudável e o aumento no consumo de alimentos ultraprocessados. A situação de produção colocava os/as candidatos/as na posição de uma pessoa entrevistada por um jornalista que fazia uma matéria sobre qualidade das merendas escolares nas escolas da comunidade. A partir disso, era solicitado que o/a enunciador/a relacionasse a temática da alimentação às culturas alimentares de seu povo, destacando, assim, a força da cozinha indígena no enfrentamento com a indústria de ultraprocessados, o agronegócio, e outros elementos que têm, nos últimos tempos, se infiltrado nas comunidades indígenas com bastante intensidade.

O desenvolvimento da proposta e sua materialização em um texto escrito deveriam contemplar três tarefas: a) o estabelecimento da relação entre alimentação e saúde; b) a crítica à nocividade dos ultraprocessados; e c) a argumentação em favor das culturas alimentares indígenas. Para tanto, o/a candidato/a precisava ler criticamente os textos da coletânea e, de acordo com os objetivos que tivesse desenhado para seu texto, se apropriar daqueles que melhor contribuíssem para sustentar e defender a linha argumentativa adotada.

O **texto 1** da coletânea, por exemplo, poderia servir de apoio à pessoa que optasse por uma linguagem poética (**texto 1**: "... as culturas alimentares indígenas também precisam ser respeitadas, *porque elas estão vivas*"[1]) para evocar a relação entre cultura indígena e alimentação. Como veremos, alguns/algumas candidatos/as, de fato, construíram textos muito poéticos, mesmo em prosa. Os **textos 2 e 3,** por sua vez, ofereciam subsídios para a discussão sobre as merendas escolares, alertando para a problemática dos ultraprocessados (**texto 2**: "No cardápio da merenda escolar dos amazônidas, há produtos ultraprocessados, como feijoada enlatada e salsicha congelada..."); por outro lado, esses textos visibilizavam, também, a esperança, ilustran-

---

[1] Destaque nosso.

do que já existem, em algumas regiões, ações de resistência a esse movimento da indústria (**texto 3**: "*Wàt tynondem* (peixe assado enrolado na folha da bananeira), *Karak'kuréum* (taioba) e *Onatji Magarapa* (bolo assado de milho) são pratos tradicionais do povo indígena Arara, que agora fazem parte do cardápio da merenda em escolas em Altamira (PA)".

O **texto 4**, ao mesmo tempo que ecoava a resistência evidenciada no texto anterior, introduzia, de maneira contundente, a potência da ancestralidade para um olhar mais ético e respeitoso ao(s) alimento(s) (**texto 4**: "A produção de indígenas e quilombolas tem outra forma de pensar o alimento, preocupa-se com o solo, com a origem da água. Conhecendo a alimentação dos povos de terreiro é possível entender o que é energia vital, o que é ancestralidade no alimento").

Muitos desses elementos estão presentes nas redações selecionadas para este livro. Logo, as produções sobre as quais discutimos, a seguir, cumpriram, com excelência, as tarefas da **Proposta 1**.

A redação 31, de autoria de Jennifer Caroline Peinado Rocha, estabelece, já de partida, um diálogo com o interlocutor: "*Eu sobrevivo de comida enlatada, repórter. Você me ouviu? Nós, a nossa comunidade, sobrevivemos disso!*".

Nota-se que a autora demonstra, em poucas palavras, ter compreendido a situação de produção e as características do gênero "depoimento pessoal" enquadrado em uma situação de "reportagem jornalística". Não obstante, a autora consegue, ao mesmo tempo, marcar sua identidade ("nós, a nossa comunidade") e re/desvelar o assunto que motiva o seu discurso: "comida enlatada". Ao longo do texto, a autora assume um tom crítico e questionador – evidenciado através de suas indagações – que denota sua recusa em se conformar com a situação: "*A saúde das crianças da comunidade é frágil. Com a imunidade baixa, e qualquer vírus passando por elas, adoecem. Como pode ser diferente se [...] a escola serve salsicha e suco, que passou bem longe da fruta, mas muito perto dos corantes?".*

A discussão da relação entre alimentação e saúde cumpre, portanto, a solicitação "a" da **Proposta 1**.

Em outros momentos de seu depoimento, a autora recorre a símbolos da cultura indígena e elementos do branco para fortalecer sua crítica à indústria de ultraprocessados (solicitação "b") e para defender a cultura alimentar indígena (solicitação "c"), como se vê a seguir: *"[...] as crianças ficam a maior parte do dia nas escolas e creches, recebendo a alimentação do branco, empobrecida de nutrientes e muito distante do sabor e nutrição tradicionais [...]. [A indústria] vem como um forte banzeiro (onda) de um rio envenenado, que, ao contrário de nos trazer peixes e tudo o que rio saudável pode ter, nos traz alimentos ultraprocessados".*

É notável, ao longo de todo o texto, o comprometimento da autora com as exigências da proposta e, certamente, com as causas debatidas em seu depoimento.

A redação 32, de Elton Vinícius Maia de Oliveira, apresenta o olhar de um estudante que compara a alimentação em contextos diferentes: em sua comunidade de origem e em São Paulo. Nessa análise comparativa, o autor relaciona alimentação e saúde (solicitação "a") e, ao mesmo tempo, evoca a força das culturas alimentares indígenas (solicitação "c"), como no seguinte trecho: *"Nos primeiros meses, meu corpo sofreu bastante e levou algum tempo para se adaptar. Problemas esses que raramente enfrentei morando no interior do Amazonas, onde a alimentação se baseia principalmente em produtos naturais das nossas terras e nossos rios".*

O destaque à riqueza da alimentação ancestral é retomado em mais pontos do texto: *"[...] [em] nossa cultura alimentar, desde cedo aprendemos sobre a ligação humano-natureza, sempre respeitando e pegando somente o necessário, pois não alimenta somente o nosso corpo, mas também a nossa alma".*

Isso sinaliza, também, uma apropriação crítica e efetiva da coletânea, especialmente do **texto 4**, que trata da forma cuidadosa e respeitosa de pensar o alimento.

Julya Antonella Silva Martins, autora da redação 33, desenvolve com êxito a solicitação "c" da proposta, colocando a ancestralidade da alimentação no cerne de sua argumentação. A autora inicia o texto com a descrição de uma cena muito poética, que, além de estabelecer relações de afetividade com a alimentação, também situa as culturas ancestrais e indígenas nesse espaço de cultivo e respeito à terra e ao corpo. Seu texto se destaca pela ênfase na representatividade – e na riqueza – do corpo (*"nosso templo"*), que abriga nossa alma, nosso espírito. A relação da alimentação com a saúde (solicitação "a") também é discutida pela autora: *"[...] é importante o consumo de alimentos que fujam da configuração industrial que nos foi empurrada goela abaixo, que tem por consequência o adoecimento não só material como mental".*

Como se pode constatar, trata-se de um texto marcadamente pessoal, mas que se configura, ao mesmo tempo, como um manifesto político, atento ao mundo, e, por isso, contempla a solicitação "b", como se vê no seguinte trecho: *"[...] nossa saúde é alvo e nos são oferecidos os piores caminhos para a saciedade do nosso corpo dentro desse panorama de ultraprocessamento de alimentos [...]. A nossa identidade indígena é pautada na tradição e na resistência".*

Os aspectos aqui discutidos não esgotam as virtudes e a força desses textos (e de muitos outros), que cumpriram, de maneira satisfatória, as solicitações da **Proposta 1** do Vestibular Indígena Unificado. Todos, à sua maneira, representam diferentes formas de lidar com a mesma tarefa, sem se render à utilização de um modelo pré-formatado de produção escrita. Isso reforça, portanto, o olhar atento da banca para as redações que seguiram as exigências temáticas de adequação ao gênero, de uso da linguagem e, sobretudo, que o fizeram com criticidade, sensibilidade e respeito às suas ancestralidades. Um trecho da redação 33, de Julya Antonella Silva Martins, reforça essa perspectiva e nos mostra como, mesmo em uma situação de vestibular, é possível que o/a candidato/a imprima ao seu texto um posicionamento singular (e assuma discursivamente a responsabilidade por esse posicionamento): *"É único demais sentar debaixo de um cajueiro e encher a barriga, ir para a casa da farinha produzir diretamente [...] tapiocas, além de comer imbu, que parece invadir minha alma da forma mais única. Se alimentar bem é ritualizar, é resgatar suas raízes e honrá-las"*.

A **Proposta 2** da prova de redação do Vestibular Indígena Unificado de 2025 direcionou seu foco para a questão da *justiça climática*, um tema de crescente importância no contexto brasileiro e global. Os/as candidatos/as foram desafiados/as a produzir uma carta aberta para publicação em jornal impresso de circulação local em seu município. Trata-se de um gênero de caráter acentuadamente argumentativo, destinado a um público amplo, com o objetivo de expor uma opinião, uma crítica, uma relação, ou reivindicar ações em prol de uma causa de interesse público, no caso, a justiça climática. A situação de produção da **Proposta 2** simulava um cenário em que estudantes da educação básica, organizados em um grêmio estudantil, buscavam mobilizar a sociedade para a urgência desse debate.

A proposta apresentava três tarefas que deveriam ser desenvolvidas na carta aberta: a) explicar por que as pessoas mais vulneráveis socioeconomicamente são as mais afetadas pelos desastres ambientais; b) apontar o(s) motivo(s) que torna/m o debate público sobre justiça climática urgente; e c) argumentar em favor da justiça climática, a fim de mobilizar o público leitor à ação.

Para a construção de seu projeto de texto e o desenvolvimento de sua argumentação, os/as candidatos/as contavam com uma coletânea de textos que abordavam diferentes aspectos da questão da justiça climática. O **texto 1** apresentava o conceito de justiça climática como um desdobramento da própria noção de justiça como princípio elementar da vida social, do respeito aos direitos e deveres em sua forma legal. Trata-se de um aspecto ainda pouco debatido em contextos escolares, já que a urgência dos desastres ambientais e climáticos, embora não seja nova, ainda não figura entre os temas mais explorados quando se pensa em justiça social no Brasil. Outro aspecto relevante desse texto é a busca pelo resguardo do direito humano à vida, ladeado da responsabilidade e do poder-dever da própria coletividade humana em agir em prol da manutenção de sua própria existência. Dito de outro modo, o **texto 1** tanto sugeria aos/às candidatos/as que o debate público sobre a questão da justiça climática é urgente quanto lembrava a todos que humanizar a crise climática é pensar em diferentes parcelas da população que sofrem com ela, ao mesmo tempo que não se exime da responsabilidade em participar da produção de pensamentos e discussões coletivas sobre o tema.

A imagem do **texto 2**, que faz referência ao conhecido poema "E agora, José?", de Carlos Drummond de Andrade, apresentava um apelo à reflexão e à ação diante das mudanças climáticas a partir de um texto com cariz fortemente poético. Não apenas o trabalho estético com a linguagem verbal, mas também a própria diagramação do texto, que sugeria nuvens cinzas de fumaça encobrindo parte do poema – e do mundo –, chamavam o/a leitor/a para a tomada de uma posição: e agora, o que faremos nós? A dimensão da intertextualidade explícita no **texto 2** também servia para que os/as candidatos/as ousassem lançar mão, na construção de seus argumentos, de referência aos textos da coletânea como embasamento para sua carta aberta. Como veremos adiante, houve candidatos/as que souberam manusear esse recurso exemplarmente em suas produções escritas.

Os **textos 3 e 4** da coletânea destacavam a relação entre desigualdades sociais (econômicas, sociais, de gênero, de raça e etnia) e a vulnerabilidade aos efeitos das mudanças climáticas, evidenciando que as populações de baixa renda, racializadas e periféricas são as mais afetadas pelas crises ambientais e climáticas que, infelizmente, têm se tornado cada mais frequentes. O **texto 3** lembrava que justiça climática é um eixo transversal do novo Plano Clima do Brasil, além de informar que uma transição de matriz energética e descarbonização da economia nacional não é descolada de uma preocupação com efeitos de desigualdades históricas (e estruturais) de nosso país. Falar sobre justiça climática, então, não pode ignorar que infraestrutura, saneamento e habitação são também pautas importantes no debate sobre o tema. Por fim, o **texto 4**, em formato de verbete enciclopédico, reforçava a ideia de que justiça climática é um desdobramento da justiça ambiental, lembrando a todos/as que os impactos das mudanças climáticas não são democráticos e afetam sobremaneira uma parcela significativa da população. Esta, inclusive, tende a ser composta de pessoas racializadas e periféricas que, usualmente, são as que menos contribuem para os processos negativos de mudanças ambientais em curso no planeta.

A partir da leitura dos textos da coletânea, a banca avaliadora esperava que os/as candidatos/as demonstrassem a capacidade de articular a problemática da justiça climática com suas dimensões sociais e humanas, frequentemente invisibilizadas ou menos discutidas politicamente, construindo um texto de teor crítico, catalisador de uma tomada de posição pública e propositivo à ação conjunta. Era fundamental que os/as candidatos/as compreendessem como as desigualdades estruturais do Brasil aprofundam os impactos das mudanças climáticas sobre as populações mais vulneráveis socialmente. Além disso, a banca esperava que as cartas abertas apresentassem um chamado à ação, tanto individual quanto coletiva, mesmo que em nível local, a partir de movimentos estudantis como um grêmio escolar. Cumpre ressaltar que, historicamente, no Brasil, a mobilização estudantil teve grande importância na proposição, na discussão e no adensamento de pautas socialmente relevantes, e essa foi uma aposta feita também pelo Vestibular Indígena Unificado neste ano, promovendo o espaço para a escuta de vozes de jovens que têm o que dizer sobre a questão da justiça climática, sem recorrer para isso a propostas genéricas ou descontextualizadas de intervenção em problemas que são, não raramente, desencarnados de sua experiência de vida ou de sua compreensão sobre os fatos do mundo.

Lucas Brevi da Silva, por exemplo, assume uma postura de coletividade ao endereçar uma carta aberta a favor da justiça climática ao presidente da República. Nela, inicia seu texto dizendo: *"Eu e meus colegas do grêmio estudantil da Escola Especiosa Benigna de Barros viemos expressar a nossa insatisfação quanto à situação que nosso país se encontra a respeito da justiça climática".*

E segue circunscrevendo o posicionamento defendido a partir da experiência vivida em sua região, quando afirma que: *"Nos tempos atuais, com o aumento da temperatura global, regiões de todo o país estão sofrendo as consequências do aumento da temperatura, dentre elas as regiões com mais pessoas vulneráveis, de baixa renda e comunidades indígenas".*

Não se trata apenas de reconhecer a especificidade e a identidade da comunidade indígena com a questão da justiça climática. O que se quer salientar é a tomada de posição que mobiliza à produção de um texto ancorado na experiência vivida, na (re)elaboração textual dessa experiência e na busca pela explicação das razões pelas quais pessoas em situação de vulnerabilidade sofrem de forma desigual os efeitos das mudanças climáticas.

A progressão dessa mesma carta aberta apresenta mais um argumento para isso, ao enunciar: *"Nossa comunidade depende da agricultura familiar para sobreviver e, devido às irregularidades climáticas, isso vem se tornando um desafio"*.

Ainda na esteira das tarefas da **Proposta 2**, que demandava do/a candidato/a explicar por que as pessoas mais vulneráveis socioeconomicamente são as mais afetadas pelos desastres ambientais, Francimara Marinho Sampaio lembrou aos seus leitores: *"E tudo isso é também evidenciado através dos telejornais ou redes sociais: é possível visualizar pessoas que sofrem o racismo ambiental – que são indivíduos que vivenciam tragédias climáticas, ou seja, desastres ambientais, como secas ou enchentes intensas, e não possuem recursos para sair daquele ciclo devastador"*.

A questão material, portanto, é um fator determinante para o debate sobre justiça climática no Brasil, como bem articulado pela autora, ao evocar uma ideia presente nos textos da coletânea. Aliás, ela mesma afirma: *"A população menos favorecida clama por uma justiça climática igualitária, em que todos possam se sentir seguros. [...] Não queremos ser mais um nas estatísticas e nos noticiários dos telejornais"*.

Como se vê, o direito à vida humana com dignidade, inclusive em termos climáticos, é parte da agenda que mobilizou os/as candidatos/as que optaram pela **Proposta 2** da prova de redação do Vestibular Indígena Unificado. Ainda que consideremos que se trate de uma produção em contexto de avaliação/exame de seleção, o texto produzido por Francimara Marinho Sampaio faz ecoar, em posicionamento singular e com responsabilidade pessoal, o desejo de que as vozes de uma parcela da população brasileira sejam ouvidas no debate público sobre o tema da justiça climática.

Não menos importante é a mobilização de textos da coletânea da **Proposta 2** para a construção de argumentos e de uma estilização bastante peculiar da carta aberta produzida. Janilson Prado Garcia, por exemplo, lançou mão do recurso à intertextualidade no início de sua carta, e, a partir de uma leitura produtiva do **texto 2**, iniciou assim a sua redação: *"Acabou. A estabilidade climática se foi. Chuvas não aliviam mais o calor, elas destroem nossas casas agora. O sol não nos alegra mais com seu brilho, agora leva embora nossa água quase que toda. Cadê a água?"*.

Além de romper com a expectativa de abertura convencional da carta com saudação ou introdução temática ampla, Janilson Prado Garcia afirma: *acabou*. E, a partir dessa sentença, desdobra sua argumentação em prol de uma tomada de consciência coletiva sobre um problema que nos aflige, mesmo que de formas díspares: *"A mudança climática está afetando a todos, mas principalmente os menos favorecidos e minorizados, pela pele escura, pela pele vermelha e, no mais, pobres. Estes não são contemplados com preocupação do poder público, não têm saneamento básico, não têm terrenos dignos, casas dignas, não têm vez na fila de bem-estar das autoridades. São eles os culpados pela piora climática? Obviamente não"*.

Ao sinalizar quais são as camadas da população brasileira mais afetadas pelos desastres climáticos e apontar os motivos pelos quais o debate público sobre o tema da justiça climática se faz urgente (afinal, todos devemos ter condições de vida digna e ser alvo de políticas de bem-estar social), o autor enfatiza o tom de denúncia de sua carta aberta e procura sensibilizar o seu público-alvo – os/as presumidos/as leitores/as – acerca da injustiça que cerca o tema explorado pela **Proposta 2**. E não se furta, ao final da carta aberta, a incitar seus interlocutores: *"Nossa indignação e revolta são direcionadas às autoridades. Exigimos que assegurem a dignidade do povo atingido. Também convidamos a sociedade civil a nos ajudar a trazer uma justiça climática e social para todos, sempre lembrando, em primeiro lugar, da dignidade do ser humano".*

As redações selecionadas para este livro que escolheram a **Proposta 2** ilustram que é possível tanto cumprir as tarefas propostas no enunciado quanto assumir, tal qual na **Proposta 1**, um posicionamento singular sobre a temática da redação (e se responsabilizar por esse posicionamento em movimentos textuais e discursivos que encarnam a amplitude de possibilidades no tratamento do tema proposto). Embora nem todas elas sejam rigorosamente exemplos do gênero carta aberta em seu formato mais prototípico, é inegável que todos os textos selecionados para esta coletânea mostram o cumprimento das tarefas da **Proposta 2** da prova de redação. O que se destaca, nesse sentido, é que a estrutura composicional do gênero produzido não é o elemento mais importante na avaliação dos textos dos/as candidatos/as. Há caminhos esperados, instruídos, delineados pelas tarefas e circunscritos pela situação de produção e pelo próprio gênero discursivo produzido, mas eles não são um manual ou conjunto de regras fixas. Há diferentes formas de atender às exigências do exame, desde que, evidentemente, não se descuide da ideia central de que gêneros como os solicitados no Vestibular da Unicamp são formas de ação social mais ou menos reconhecidas e estabilizadas, mas sempre abertas à adaptação situada dos textos que nele se inscrevem.

A leitura atenta e cuidadosa dos textos da coletânea de cada proposta também merece destaque. Bons textos produzidos no Vestibular Indígena Unificado demonstram que o horizonte de expectativa projetado para a escrita dos/as candidatos/as, mesmo que estes/as nunca tenham produzido o gênero solicitado na prova, pode ser ajustado de acordo com as capacidades de leitura da coletânea. Não se trata apenas de mobilizar informações para a construção de um repertório temático ou para motivação dos/as candidatos/as à escrita, mas de assumir que textos prévios ou de outros/as autores/as podem contribuir para que façamos escolhas orientadas e produtivas para o projeto de texto que visamos desenvolver. Em outras palavras, trata-se de ler os textos da coletânea com "olhos de escritor", para selecionar, articular, dizer e contradizer argumentos, evidências, dados ou posicionamentos relevantes para dar solidez ao recado que cada texto, inscrito em um determinado gênero e em uma determinada situação de interlocução, quer dar ao seu público leitor.

Além disso, as propostas de redação evidenciam o posicionamento agentivo esperado de candidatos/as ao Vestibular Indígena Unificado, pois seus/suas autores/as não podem se furtar ao compromisso ético-político e humanitário desejado em uma parcela da população indígena brasileira que passa a ocupar seu lugar também na Unicamp.

Por fim, é importante destacar que nem todas as redações selecionadas para compor este livro obtiveram nota máxima (12 pontos) em sua avaliação. Foram textos bem avaliados, certamente, por isso constam neste volume, mas são redações passíveis de erros, seja no cumprimento de aspectos de uso da norma culta do português brasileiro em sua modalidade escrita, seja no atendimento a padrões de textualidade ou de adequação ao gênero proposto em cada proposta ("depoimento pessoal" e "carta aberta"). Como a prova de redação dos vestibulares da Unicamp avalia habilidades de leitura e escrita dos/as candidatos/as, em gêneros, tarefas e temas distintos ano a ano, valoriza-se a capacidade de cada candidato/a em produzir um texto que evidencie da melhor maneira possível, em condições de avaliação como o vestibular, um projeto de dizer que seja singular, que revele posicionamento e reflexividade críticos e que mostre a capacidade do/a candidato/a de desenvolver um texto capaz de exprimir não aquilo que se imagina como sendo o desejo de uma banca examinadora, mas aquilo que revela uma visão de mundo e uma capacidade de agir por meio da leitura e da escrita como práticas sociais.

VESTIBULAR INDÍGENA UNIFICADO 2025

PROPOSTA 1

A todo momento nos deparamos com notícias de diversas ações praticadas por seres humanos que colocam em risco a sobrevivência das espécies. Uma dessas ações autodestrutivas está na sua relação com a alimentação. O crescimento de indústrias que produzem alimentos ultraprocessados e o seu elevado consumo têm nos afastado cada vez mais de uma alimentação saudável. Trata-se, antes de tudo, de um problema de saúde pública e de uma questão política, social e cultural.

Procurado/a por um/a jornalista que está fazendo uma reportagem sobre a qualidade das merendas escolares distribuídas nas escolas de sua comunidade, você, um/a jovem indígena que valoriza a cultura alimentar de seu povo, se dispôs a dar seu **depoimento pessoal** para constar na matéria. No texto de seu depoimento, você deverá: **a)** relacionar alimentação e saúde; **b)** criticar a produção e o consumo de alimentos ultraprocessados; e **c)** argumentar em defesa da cultura alimentar indígena.

> **Depoimento pessoal** é um gênero de texto em que se relata, em primeira pessoa, uma experiência vivida, com o objetivo de compartilhar reflexões ou aprendizados. Caracteriza-se pela ênfase na perspectiva individual de quem produz o relato e deseja promover a troca de experiências e a reflexão.

Atenção: Você deve ler criticamente a coletânea de textos a seguir para a elaboração de seus argumentos. Não copie, em hipótese alguma, os textos da prova, pois a cópia implica nota zero em sua redação.

1. A cozinha indígena é uma cozinha de cultura. É uma cozinha comunitária, para a coletividade. "Da mesma forma que é preciso respeitar os povos indígenas, as culturas alimentares indígenas também precisam ser respeitadas, porque elas estão vivas", destaca a chef Tainá Marajoara.

(Adaptado de: STROPASOLAS, Pedro. Brasil De Fato. 11/07/2023. Disponível em: https://www.brasildefato.com.br/2023/07/11/cultura-alimentar-indigena-se-mantem-viva-apesar-do-avanco-do-agronegocio. Acesso em: 15 out. 2024.)

2. A rica cultura alimentar da floresta perdeu prestígio. No cardápio da merenda escolar dos amazônidas, há produtos ultraprocessados, como feijoada enlatada e salsicha congelada, com baixa qualidade nutricional e altos teores de gordura e sódio. Políticas públicas apresentaram aos agricultores da floresta novas tecnologias do agronegócio. O resultado foi a vulnerabilização do sistema agrícola tradicional. Instalou-se um estado de "adoecimento da comunidade", teoriza o antropólogo Mauro Menezes.

(Adaptado de: SILVA, Luiz Felipe Silva; ABREU, Felippe. National Geographic Brasil. 12/01/2024. Disponível em: https://www. nationalgeographicbrasil.com/historia/2022/09/culinaria-fortalece-a-cultura-e-a-economia-dos-povos-indigenas-do-rio-negro. Acesso em: 17 out. 2024.)

3. Wàt tynondem (peixe assado enrolado na folha da bananeira), Karak'kuréum (taioba) e Onatji Magarapa (bolo assado de milho) são pratos tradicionais do povo indígena Arara, que agora fazem parte do cardápio da merenda em escolas em Altamira (PA). A retomada da alimentação saudável é urgente, uma vez que as escolas têm sido um dos principais vetores da introdução de alimentos industrializados nas comunidades. Com a construção da hidrelétrica de Belo Monte, os Araras vivenciaram aumento no consumo de alimentos industrializados em decorrência da execução de ações do plano emergencial e do plano básico ambiental da hidrelétrica, o que fez com que a população desenvolvesse doenças devido à má alimentação.

(Adaptado de: FÉLIX, Paula. Instituto Socioambiental. 25/09/2023. Disponível em: https://www.socioambiental.org/noticias-socioambientais/ retomada-da-alimentacao-tradicional-do-povo-arara-da-gosto-ancestral. Acesso em: 20 out. 2024.)

4. A alimentação ancestral, protagonizada pelas pessoas assentadas da reforma agrária, quilombolas e indígenas, é a cultura que resiste, a tradição que resiste. A produção de indígenas e quilombolas tem outra forma de pensar o alimento, preocupa-se com o solo, com a origem da água. Conhecendo a alimentação dos povos de terreiro é possível entender o que é energia vital, o que é ancestralidade no alimento. Há uma preocupação com a origem daquele alimento, pois não se pode oferecer qualquer coisa para o Orixá.

(Adaptado de: AMÂNCIO, Adriana. Gênero e Número. 12/03/2024. Disponível em: https://www.generonumero.media/entrevistas/ alimentacao-ancestral/. Acesso em: 13 out. 2024.)

VESTIBULAR INDÍGENA UNIFICADO 2025
PROPOSTA 2

O Brasil tem enfrentado, com certa frequência, desastres ambientais intensos, como enchentes e secas extremas. Tais eventos climáticos afetam, principalmente, as populações mais vulneráveis socioeconomicamente, o que evidencia a urgência de uma ação do Estado para garantir justiça climática em nosso país. Sensibilizado/a com essa questão, você mobiliza seus/suas colegas do "grêmio estudantil" e, juntos/as, decidem produzir uma **carta aberta** a ser publicada em um jornal impresso de grande circulação em sua cidade, com o objetivo de reivindicar atenção à questão da justiça climática. Nessa carta, você deverá: **a)** explicar por que as pessoas mais vulneráveis socioeconomicamente são as mais afetadas pelos desastres ambientais; **b)** apontar o(s) motivo(s) que torna(m) o debate público sobre justiça climática urgente; e **c)** argumentar em favor da justiça climática, com o objetivo de mobilizar o público leitor à ação.

Carta aberta é um gênero de texto argumentativo direcionado a uma autoridade, instituição ou ao público em geral, com o objetivo de expor uma opinião, uma crítica, uma reclamação ou uma reivindicação de interesse coletivo. Costuma ser publicado em meios de comunicação de amplo acesso à comunidade leitora, tais como jornais, revistas ou plataformas digitais.

Grêmio estudantil é um coletivo de estudantes que busca defender seus interesses na escola, promovendo o diálogo entre alunos(as), direção escolar, docentes e coordenação. Também propõe ações e projetos culturais, tanto no ambiente escolar quanto na comunidade.

> **Atenção:** Você deve ler criticamente a coletânea de textos a seguir para a elaboração de seus argumentos. Não copie, em hipótese alguma, os textos da prova, pois a cópia implica nota zero em sua redação.

1. A justiça é o princípio básico que mantém a ordem social por meio da preservação dos direitos e deveres em sua forma legal. É o poder de fazer valer o direito de um grupo, da coletividade, no justo direito e obrigações que agregam seu significado. Quando invocamos a justiça climática estamos buscando, necessariamente, proteger o direito humano à vida neste planeta, a responsabilidade humana e o seu poder-dever para a manutenção da sua própria existência. Além de trazer um elemento crucial que é a humanização da crise climática.

(Adaptado de: BELLAGUARDA, Flávia et al. Para que justiça climática? São Paulo: The Climate Reality Project Brasil, 2022, p. 08-09.)

2.

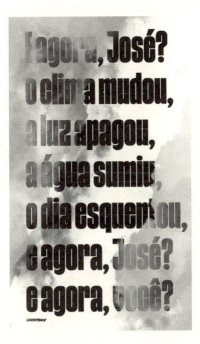

(Disponível em: https://www.greenpeace.org/brasil/publicacoes/mudancas-climaticas-vao-agravar-a-desigualdade-social-no-brasil/. Acesso em: 30 set. 2024.)

3. Pessoas submetidas a diferentes formas de desigualdades (econômica, social, de gênero, de raça e etnia) são ainda mais vulneráveis aos efeitos das mudanças climáticas. Apesar de terem menor participação nas emissões de dióxido de carbono (CO_2), as populações de baixa renda são as mais afetadas pelas consequências negativas das alterações do clima e com menor acesso às alternativas de adaptação. A justiça climática é considerada um eixo transversal do novo Plano Clima ao considerar que a descarbonização da economia precisa levar a uma transição justa que impulsione o desenvolvimento sustentável, enfrente as desigualdades e promova a resiliência do país. Ações de adaptação em áreas como infraestrutura, habitação e saneamento podem ajudar a corrigir deficiências estruturais históricas, que atingem sobretudo as populações em situação de vulnerabilidade, evitando perdas e danos em grandes proporções e o agravamento das desigualdades no Brasil.

(Adaptado de: BRASIL. Ministério do Meio Ambiente e Mudança do Clima. Justiça Climática. Disponível em: https://www.gov.br/mma/pt-br/assuntos/mudanca-do-clima/justica. Acesso em: 03 out. 2024.)

4. Justiça Climática: conhecida como um desdobramento dos movimentos por justiça ambiental, o conceito vem da premissa incontestável de que os impactos das mudanças climáticas não são democráticos, afetando, sobretudo, populações racializadas e periféricas que menos contribuíram para esse processo. Logo, são uma questão de justiça social com gênero, raça e endereço. Isso significa que, se as enchentes têm um impacto pior para quem vive nas favelas, periferias, quilombos, comunidades indígenas e áreas suburbanas e rurais, essas pessoas serão alvo da injustiça climática.

(Adaptado de: Guia para Justiça Climática: tecnologias sociais e ancestrais de enfrentamento ao racismo ambiental na região metropolitana do Rio de Janeiro. Rio de Janeiro: Associação Casa Fluminense, 2023, p. 07.)

VESTIBULAR INDÍGENA UNIFICADO 2025
EXPECTATIVAS DA BANCA

Da mesma forma que em anos anteriores, a Prova de Redação do Vestibular Indígena Unificado 2025 apresentou duas propostas temáticas, entre as quais o/a candidato/a deveria escolher uma, e apenas uma, desenvolvendo-a de acordo com as instruções dadas no cabeçalho de cada proposta. O tema da Proposta 1 foi a importância da *valorização da cultura alimentar indígena*, especialmente quando são consideradas questões ligadas à alimentação em contextos escolares e a potencial naturalização social do consumo de ultraprocessados nesse contexto, e, na Proposta 2, o tema foi *justiça climática*, especialmente em um ano em que ficou muito saliente a desigualdade com que fenômenos climáticos extremos tratam camadas mais vulneráveis da população brasileira.

As instruções sobre a produção dos textos precederam cada uma das propostas, com tarefas explícitas que deveriam ser cumpridas pelos/as candidatos/as. Essas informações também pautaram o trabalho de avaliação da banca corretora. As duas propostas da prova de redação têm por objetivo avaliar as competências de leitura e escrita dos/as candidatos/as e suas habilidades no uso da norma-padrão da modalidade escrita da língua portuguesa, além de avaliar a mobilização de características específicas dos gêneros cuja produção foi solicitada: *depoimento pessoal* e *carta aberta*.

Proposta 1

Nesta proposta, o gênero esperado era **depoimento pessoal**, o qual seria incluído em uma reportagem jornalística sobre a qualidade das merendas escolares na comunidade do/a candidato/a. O texto deve ser produzido por um/a jovem indígena que valoriza a cultura alimentar de seu povo e se dispõe a compartilhar suas experiências e reflexões sobre o tema.

O propósito de produção de um texto nesse gênero envolvia o compartilhamento de uma perspectiva individual do/a candidato/a que articulasse tanto vivências pessoais sobre a questão da cultura alimentar indígena quanto a socialização pública dessa experiência como base de uma reflexão sobre a questão da alimentação em contextos escolares. Esperava-se que o/a candidato/a evidenciasse, em seu depoimento, a ligação entre alimentação e saúde, mostrando uma postura crítica em relação à produção e ao consumo de alimentos ultraprocessados e desenvolvendo um posicionamento em prol da cultura alimentar indígena como alternativa sustentável e enriquecedora, inclusive para as merendas escolares.

Seria, então, esperado que o/a candidato/a, em seu texto, utilizasse exemplos da coletânea para discutir o valor da cozinha indígena como uma prática comunitária (texto 1), para refletir sobre o "adoecimento da comunidade" (texto 2) escolar e os problemas decorrentes do consumo de ultraprocessados, como baixos valores nutricionais e doenças associadas, e que fizesse uma crítica ao excessivo uso de alimentos ultraprocessados na alimentação escolar e das comunidades indígenas, utilizando dados da coletânea para criticar políticas públicas que promovem a substituição de alimentos naturais por produtos industrializados (texto 3). Na defesa da alimentação indígena como uma forma de promoção de saúde, sustentabilidade e respeito à natureza, o/a candidato/a poderia exemplificar seu ponto de vista usando o *Wàt tynondem*, o *Karak'kuréum* ou outros exemplos concretos de alimentação tradicional indígena (texto 3) como alternativas saudáveis e carregadas de significados culturais. Também poderia definir a alimentação tradicional como um ato de resistência cultural, alinhado aos princípios de preservação ambiental e ancestralidade, e argumentar em favor do respeito à cultura alimentar indígena como forma de resistência e preservação ambiental (texto 4).

Proposta 2

Nesta proposta, o gênero a ser produzido era **carta aberta**, destinada a ser publicada em um jornal de grande circulação na cidade do/a candidato/a, com o objetivo de mobilizar a sociedade sobre a urgência da pauta da justiça climática. O texto deveria ser assinado por um/a estudante (ou um coletivo de estudantes) engajado/a no grêmio estudantil de sua escola, articulando argumentos que evidenciassem a relação entre desastres ambientais e desigualdades sociais, além de incitar ações coletivas e individuais em prol da justiça climática. Afinal, se *o clima mudou*, se *a lua apago*u, se *a água sumiu* e o *dia esquentou* (texto 2), isso nos afeta a todos, ainda que de modos desiguais.

O propósito de um texto inscrito no gênero carta aberta também envolvia a produção de um chamado mobilizador ao debate público acerca da urgência da pauta da justiça climática. Para isso, o/a candidato/a poderia usar o conceito de "humanização da crise climática" (texto 1) para destacar a relevância do tema no contexto atual e seu imperativo para a justiça social, explicando como as desigualdades sociais, econômicas e de raça tornam certos grupos mais suscetíveis aos desastres climáticos (texto 3). Seria possível fundamentar essa posição recorrendo a outros dados presentes nos textos da coletânea, como o fato de populações racializadas, de baixa renda e/ou periféricas serem mais afetadas pelas enchentes e secas (textos 3 e 4).

Esperar-se-ia, ainda, uma explícita convocação à ação do público leitor da carta aberta, não apenas individual, mas também coletiva (texto 2), como pressionar governos por políticas públicas alinhadas às demandas de justiça climática, como reduzir emissões de carbono e implementar práticas sustentáveis de produção e consumo (texto 3), destacando que a crise climática afeta a todos, mas especialmente os mais vulneráveis socioeconomicamente. Trata-se, portanto, de uma questão de respeito aos direitos humanos que se aja coletiva e imediatamente em prol da problemática inerente à pauta da justiça climática no Brasil.

VESTIBULAR INDÍGENA UNIFICADO 2025

REDAÇÕES DOS CANDIDATOS
PROPOSTA 1

REDAÇÃO 31

JENNIFER CAROLINE PEINADO ROCHA
Ensino Médio (escola pública)
Santa Isabel do Rio Negro / AM
Etnia Baré
Medicina (Integral) – Unicamp / (1ª opção)

Eu sobrevivo de comida enlatada, repórter. Você me ouviu? Nós, a nossa comunidade, sobrevivemos disso! A saúde das crianças da comunidade é frágil. Com a imunidade baixa e qualquer vírus passando por elas, adoecem. Como pode ser diferente se, do café à merenda, a escola serve salsicha e suco, que passou bem longe da fruta, mas muito perto dos corantes? Durante o período letivo, as crianças ficam a maior parte do dia nas escolas e creches, recebendo a alimentação do branco, empobrecida de nutrientes e muito distante do sabor e nutrição tradicionais.

A indústria de alimentos, além de se abastecer do agronegócio, vem na contramão dos povos tradicionais e originários, pois o agro invade as nossas terras. Ela vem como um forte banzeiro (onda) de um rio envenenado, que, ao contrário de nos trazer peixes e tudo o que um rio saudável pode ter, nos traz alimentos ultraprocessados.

Dentro da comunidade, há famílias tão humildes que as refeições das escolas são a única maneira de o parente alimentar seus filhos.

Mas nós temos terra boa, senhor jornalista. A nossa alimentação ancestral existe ainda, mesmo que invisibilizada por esse monstro que faz tudo virar lata e pelo poder público que compra e abastece as escolas com esses venenos. A minha família mesmo tem plantação de açaí. O parente da rua de baixo planta abacaxi e banana, e lhe garanto que há mais parentes com outras plantações.

Torço para que a sua reportagem chegue ao nosso prefeito, para que ele perceba que a alimentação ancestral pode fazer parte das cozinhas das escolas, com sabor, nutrientes e que o alimento pode ser servido fresco. Obrigada pela atenção, repórter.

REDAÇÃO 32

ELTON VINÍCIUS MAIA DE OLIVEIRA
Ensino Médio (escola pública)
São Gabriel da Cachoeira / AM
Etnia Tukano
Ciências Sociais – Bacharelado (Integral) – UFSCar / (1ª opção)

A importância da qualidade na alimentação ficou escancarada para mim somente quando vim para São Paulo. Sendo estudante bolsista de baixa renda, minha principal fonte de alimentação foram e são os Restaurantes Universitários da Unicamp e bastou uma única refeição para sentir a diferença gritante na qualidade e no preparo dos alimentos. Nos primeiros meses, meu corpo sofreu bastante e levou algum tempo para se adaptar. Problemas esses que raramente enfrentei morando no interior do Amazonas, onde a alimentação se baseia principalmente em produtos naturais das nossas terras e nossos rios.

Para a maioria da população de baixa renda, em algum momento o consumo de produtos ultraprocessados se torna praticamente inevitável. Macarrão instantâneo, salsicha, biscoitos e outras comidas do tipo são mais acessíveis por conta do preço, o que cria uma realidade revoltante, pois alimentação saudável e de qualidade deveria ser um direito básico de todos. Numa sociedade que só visa o lucro, tive o privilégio de crescer em uma família que pescava e plantava grande parte de sua própria alimentação.

Por fim, reforço a importância de nossa cultura alimentar, desde cedo aprendemos sobre a ligação humano-natureza, sempre respeitando e pegando somente o necessário, pois não alimenta somente o nosso corpo, mas também a nossa alma. E mesmo fora de território indígena é possível adotar essas práticas e políticas mais saudáveis, como por exemplo o MST (Movimento dos Trabalhadores Rurais Sem Terra), que realiza um trabalho incrível no cultivo de alimentos, levando uma maior qualidade na alimentação para a população de baixa renda.

REDAÇÃO 33

JULYA ANTONELLA SILVA MARTINS
Ensino Médio (escola pública)
Floresta / PE
Etnia Pankararu
Medicina (Integral) / (1ª opção)

Certo dia, minha avó, em uma conversa debaixo de um cajueiro, como de costume, me trouxe o ensinamento mais puro: "Nosso corpo é templo, minha filha". Confesso que passei uma semana, no mínimo, para entender as nuances de sua fala e seus paradigmas envoltos. Para além dessa ideia de templicidade, nós também somos aquilo que comemos, e o que comemos, por conseguinte, nos cultiva e nos sacia, apesar de que temos caminhos positivos e negativos nesse quesito. O alimento nos torna vivos em corpo e espírito e, nada mais único e ancestral que cultivarmos nosso templo de forma saudável, a fim de promover um autoculto e autocuidado. Para alcançar esse "autoculto" é importante o consumo de alimentos que fujam da configuração industrial que nos foi empurrada goela abaixo, que tem por consequência o adoecimento não só material como mental, já que somos corpo e espírito na lógica ancestral.

Essa frase dita por Naíde, minha avó, me fez interligar o livre-arbítrio ao uso do que nos é oferecido e a importância de recorrer a nossa "ancestralidade" quando o assunto é não ceder aos tópicos capitalistas que se sustentam no alto consumo e que, a partir disso, usam a lógica da rapidez, abandonando a qualidade e se importando com tudo, menos com a jornada saudável de nós indivíduos. Uma das questões envolvidas nessa lógica é que nossa saúde é alvo e nos são oferecidos os piores caminhos para a saciedade do nosso corpo dentro desse panorama de ultraprocessamento de alimentos. Ademais, retornando o nosso pensamento a uma visão ancestral com o objetivo de aprofundar essa questão, é inegável o quanto a nossa cultura alimentar indígena resgata a nossa própria cultura e o cuidado para com o nosso corpo, já que é através dela que podemos nos proporcionar uma vida de fato saudável fisiológica e espiritualmente.

A nossa identidade indígena é pautada na tradição e na resistência, para além da comida em si: o preparo também pode ser – e é – muito vivo para a nossa saúde. É único demais sentar debaixo de um cajueiro e encher a barriga, ir para a casa da farinha produzir diretamente beiju, tapiocas, além de comer imbu, que parece invadir minha alma da forma mais única. Se alimentar bem é ritualizar, é resgatar suas raízes e honrá-las, então nada mais justo que passemos esses ensinamentos para frente. Que o ensinamento de vovó Naíde perdure e que consigamos alcançar a saúde coletiva por meio da resistência étnica e da culinária ancestral.

VESTIBULAR INDÍGENA UNIFICADO 2025

REDAÇÕES DOS CANDIDATOS

PROPOSTA 2

REDAÇÃO 34

JANILSON PRADO GARCIA
Ensino Médio (escola pública)
São Gabriel da Cachoeira / AM
Etnia Tukano
Ciência da Computação (Noturno) / (1ª opção)

Acabou. A estabilidade climática se foi. Chuvas não aliviam mais o calor, elas destroem nossas casas agora. O sol não nos alegra mais com seu brilho, agora leva embora nossa água quase que toda. Cadê a água? Nos campos da indústria rural, regando milho geneticamente modificado.

A mudança climática está afetando a todos, mas principalmente os menos favorecidos e minorizados, pela pele escura, pela pele vermelha e, no mais, pobres. Estes não são contemplados com preocupação do poder público, não têm saneamento básico, não têm terrenos dignos, casas dignas, não têm vez na fila de bem-estar das autoridades. São eles os culpados pela piora climática? Obviamente não. Os verdadeiros culpados são os afortunados de tudo, homens ricos de poder, dinheiro e política. Uma elite atrasada, agora ditos bilionários, que têm suas fortunas infladas pela irresponsabilidade das suas indústrias poluidoras, como as de petróleo, campos agrícolas enormes que matam nosso ente querido, a natureza. Poluem rios com seus produtos químicos descartáveis, poluem o ar com suas queimas no processo de fabricação irresponsável. E quem sofre com a mudança climática? Não são eles.

Nossa indignação e revolta são direcionadas às autoridades. Exigimos que assegurem a dignidade do povo atingido. Também convidamos a sociedade civil a nos ajudar a trazer uma justiça climática e social para todos, sempre lembrando, em primeiro lugar, da dignidade do ser humano.

REDAÇÃO 35

FRANCIMARA MARINHO SAMPAIO
Ensino Médio (escola pública)
Manaus / AM
Etnia Mura
Medicina (Integral) / (1ª opção)

Senhores, não pode mais ser tolerado que atitudes impensadas de alguns seres humanos, como explorações desastrosas da natureza, não sejam tratadas e punidas verdadeiramente como crime contra a humanidade. O mundo em que vivemos suplica por socorro e tal "grito" costuma ecoar de pessoas mais vulneráveis socioeconomicamente, que quase nunca ou por último são ouvidas ao perderem a sua dignidade sem moradia ou até sem alimentação.

E tudo isso é também evidenciado através dos telejornais ou redes sociais: é possível visualizar pessoas que sofrem o racismo ambiental – que são indivíduos que vivenciam tragédias climáticas, ou seja, desastres ambientais, como secas ou enchentes intensas, e não possuem recursos para sair daquele ciclo devastador. Fica claro e muito evidente que comunidades mais pobres, isto é, com menos recursos, sobretudo, de infraestrutura ficam com as consequências mais danosas, trazidas pelos desastres ambientais. A falta de recursos próprios ou ainda de investimentos públicos por parte das autoridades competentes, por diversas vezes, impacta na prevenção, no apoio e no amparo a famílias que perderam tudo.

Quantos conhecidos, amigos e/ou familiares vamos precisar perder, para que diálogos deixem de ser apenas palavras e virem efetivamente ações? Autoridades, a ordem deve ser executar o que é falado ou prometido e apenas discutir melhorias ou implementação de ações. Atitudes enérgicas são necessárias, a fim de que vidas não sejam mais perdidas. A população menos favorecida clama por uma justiça climática igualitária, em que todos possam se sentir seguros.

Assim, o agir pode ser fator determinante na decisão daqueles que irão sobreviver no próximo desastre climático ou catástrofe ambiental. Não queremos ser mais um nas estatísticas e nos noticiários dos telejornais. O mundo clama por socorro!

REDAÇÃO 36

LUCAS BREVI DA SILVA
Ensino Médio (escola pública)
Carnaubeira da Penha / PE
Etnia Pankará
Medicina (Integral) / (1ª opção)

Recife, 12/01/2024.

Carta aberta a favor da justiça climática

Caro Presidente da República,
Eu e meus colegas do grêmio estudantil da Escola Especiosa Benigna de Barros viemos expressar a nossa insatisfação quanto à situação em que nosso país se encontra a respeito da justiça climática. Além de expor a triste realidade com que nossa comunidade e outras regiões estão lidando.

Nos tempos atuais, com o aumento da temperatura global, regiões de todo o país estão encarando as consequências do aumento da temperatura, dentre elas as regiões com mais pessoas vulneráveis de baixa renda e comunidades indígenas. Tais grupos sofrem com a temperatura irregular, por não terem a devida ajuda estatal e pela dificuldade de lidar com a problemática devido à falta de infraestrutura, resultando em uma população vítima dos desastres naturais. Nossa comunidade depende da agricultura familiar para sobreviver e, devido às irregularidades climáticas, isso vem se tornando um desafio.

Diante do exposto, solicitamos que o Estado intervenha nesse problema. A partir de uma agenda, será possível a criação de suportes sociais para os mais devastados pelo aumento da temperatura, ajudando as famílias necessitadas e garantindo segurança alimentar. Além disso, cabe ao Presidente da República fechar acordos internacionais que visam à manutenção de nossos ecossistemas mais devastados pela intensa atividade industrial, gerando um ambiente propício a combater as mudanças climáticas. Dessa forma nosso povo brasileiro poderá vislumbrar uma nova realidade, garantindo que não só o nosso povo indígena consiga superar tal problemática, mas também todas as pessoas de maior risco.

Atenciosamente, grêmio estudantil da Escola Estadual Especiosa Benigna de Barros.

Anotações

REDAÇÕES 2025

REDAÇÕES 2025

REDAÇÕES 2025

REDAÇÕES 2025

Título	Redações 2025: Vestibular Unicamp | Vestibular Indígena
Organização	Comvest
Coordenador editorial	Ricardo Lima
Secretário gráfico	Ednilson Tristão
Apoio e digitação	Lília Helena Bragança
	Luciana Amgarten Quitzau
Preparação dos originais e revisão	Lúcia Helena Lahoz Morelli
Editoração eletrônica	Ednilson Tristão
Design de capa	Ana Basaglia
Formato	14 x 21 cm
Papel	Avena 80 g/m^2 – miolo
	Cartão supremo 250 g/m^2 – capa
Tipologia	Minion Pro
Número de páginas	168

ESTA OBRA FOI IMPRESSA NA GRÁFICA EME
PARA A EDITORA DA UNICAMP EM JUNHO DE 2025.